本經屬中期大乘經典，是唯識宗（法相宗）的根本經典，

解深密經

以解釋佛陀自內證的甚深祕密妙義，名為《解深密經》。

大唐三藏法師玄奘◎奉詔譯

解深密經卷第一

唐三藏法師玄奘奉　詔譯

序品第一

如是我聞：一時，薄伽梵，住最勝光曜七寶莊嚴，放大光明，普照一切無邊世界，無量方所妙飾間列，周圓無際，其量難測，超過三界所行之處，勝出世間善根所起，最極自在淨識爲相，如來所都，諸大菩薩衆所雲集，無量天、龍、藥叉、健達縛、阿素洛、揭路荼、緊捺洛、牟呼洛伽、人非人等，常所翼從，廣大法味喜樂所持，現作衆生一切義利，蠲除一切煩惱纏垢，遠離衆魔，過諸莊嚴，如來莊嚴之所依處，大念慧行以爲遊路，大止妙觀以爲所乘，大空、無相、無願解脫爲所入門，無量功德衆所莊嚴，大寶華王衆所建立大宮殿中。是薄伽梵最清淨覺，不二現行，趣無相法，住於佛住，逮得一切佛平等性；到無障處不可轉法，所行無礙，其所安立，不可思議，遊於三世平等法性；其身流布一切世界，於一切法智無疑滯，於一切行成就大覺，於諸法智無有疑惑；凡所現身不可分別，一切菩薩正所求智得佛無二住勝彼岸，不相間雜，如來解脫妙智究竟；證無中邊佛地平等極於法界，盡虛空性窮未來際。與無量大聲聞衆俱，一切調順，皆是佛子，心善解脫，慧善解脫，戒善清淨，趣求法樂；多聞聞持，其聞積集，善思所思，善說所說，善作所作；捷慧、速慧、利慧、出慧、勝決擇慧、大慧、廣慧及無等慧，慧寶成就；具足三明，逮得一切現法樂住；大淨福田，威儀寂靜，無不圓滿，大忍柔和，成就無減，已善奉行如來聖教。復有無量菩薩摩訶薩衆，從種種佛土而來集會，皆住大乘，遊大乘法，於諸衆生其心平等，離諸分別及不分別、種種分別，摧伏一切衆魔怨敵，遠離一切聲聞獨覺所有作意，廣大法味喜樂所持，超五怖畏，一向趣入不退轉地，息一切衆生一切災橫地，而現在前。其名曰：解甚深義密意菩薩摩訶薩，如理請問菩薩摩訶薩，法涌菩薩摩訶薩，善淸淨慧菩薩摩訶薩，廣慧菩薩摩訶薩，德本菩薩摩訶薩，勝義生菩薩摩訶薩，觀自在菩薩摩訶薩，慈氏菩薩摩訶薩，曼殊室利菩薩摩訶薩等，而爲上首。

勝義諦相品第二

爾時、如理請問菩薩摩訶薩、即於佛前問解甚深義密意菩薩摩訶薩言：最勝子！言一切法無二，一切法無二者：何等一切法？云何爲無二？解甚深義密意菩薩謂如理請問菩薩曰：善男子！一切法者，略有二種：所謂有爲；無爲。是中有爲，非有爲非無爲；無爲，亦非無爲非有爲。如理請問菩薩復問解甚深義密意菩薩言：最勝子！如何有爲，非有爲非無爲？無爲，亦非無爲非有爲？解甚深義密意菩薩謂如理請問菩薩曰：善男子！言有爲者，乃是本師假施設句；若是本師假施設句，即是徧計所集、言辭所說；若是徧計所集、言辭所說，即是究竟種種徧計言辭所說。不成實故，非是有爲。善男子！言無爲者，亦墮言辭。設離有爲、無爲少有所說，其相亦爾。然非無事而有所說。何等爲事？謂諸聖者以聖智、聖見、離名言故，現正等覺；即於如是離言法性，爲欲令他現等覺故，假立名相，謂之有爲。善男子！言無爲者，亦是本師假施設句；若是本師假施設句，即是徧計所集、言辭所說；若是徧計所集、言辭所說，即是究竟種種徧計言辭所說。不成實故，非是無爲。善男子！言有爲者，亦墮言辭。設離無爲、有爲少有所說，其相亦爾。然非無事而有所說。何等爲事？謂諸聖者以聖智、聖見、離名言故，現正等覺；即於如是離言法性，爲欲令他現等覺故，假立名相，謂之無爲。爾時如理請問菩薩摩訶薩、復問解甚深義密意菩薩摩訶薩言：最勝子！如何此事，彼諸聖者以聖智聖見離名言故，現正等覺；即於如是離言法性，爲欲令他現等覺故，假立名相，或謂有爲？或謂無爲？解甚深義密意菩薩，謂如理請問菩薩曰：善男子！如善幻師，或彼弟子，住四衢道，積集草、葉、木、瓦、礫等，現作種種幻化事業：所謂象身、馬身、車身、步身、末尼、眞珠、瑠璃、螺貝、璧玉、珊瑚、種種財、穀、庫藏等身。若諸衆生愚癡頑鈍，惡慧種類，無所知曉，於草、葉、木、瓦、礫等上諸幻化事，見已聞已，作如是念：此所見者，實有象身，實有馬身、車身、步身、末尼、眞珠、瑠璃、螺貝、璧玉、珊瑚、種種財、穀、庫藏等身。如其所見，如其所聞，堅固執著，隨起言說；唯此諦實，餘皆愚妄。彼於後時，應更觀察。若有衆生非愚、非鈍、善慧種類，有所知曉，於草、葉、木、瓦、礫等上諸幻化事；見已聞已，作如是念：此所見者，無實象身，無實馬身，車身、步身、末尼、眞珠、瑠璃、螺貝、璧玉、珊瑚、種種財、穀庫藏等身；然有幻狀迷惑眼事。於中：發起大象身想，或大象身差別之想，乃至發起種種財穀庫藏等想，或彼種類差別之想。不如所見，不如所聞，堅固執著，隨起言說；唯此諦實，餘皆愚妄。爲欲表知如是義故，亦於此中隨起言說。彼於後時，不須觀察。如是，若有衆生是愚夫類，是異生類，未得諸聖出世間慧，於一切法離言法性，不能了知；彼於一切有爲、無爲，見已聞已，作如是念：此所得者，決定實有有爲、無爲；如其所見，如其所聞，堅固執著，隨起言說；唯此諦實，餘皆癡妄。彼於後時，應更觀察。若有衆生非愚夫類，已見聖諦，已得諸聖出世間慧，於一切法離言法性，如實了知；彼於一切有爲、無爲，見已聞已，作如是念：此所得者，決定無實有爲、無爲。然有分別所起行相，猶如幻事迷惑覺慧，於中發起爲無爲想，或爲無爲差別之想。不如所見，不如所聞，堅固執著，隨起言說;唯此諦實,餘皆癡妄。為欲表知如是義故,亦於此中隨起言說。彼於後時,不須觀察。如是、善男子!彼諸聖者於此事中,以聖智聖見離名言故,現正等覺;即於如是離言法性,為欲令他現等覺故,假立名相,謂之有為,謂之無為。爾時解甚深義密意菩薩摩訶薩,欲重宣此義,而說頌曰:

佛說離言無二義,甚深非愚之所行;
愚夫於此癡所惑,樂著二依言戲論;
彼或不定或邪定,流轉極長生死苦;
復違如是正智論,當生牛羊等類中。

爾時、法涌菩薩摩訶薩白佛言:世尊!從此東方過七十二殑伽沙等世界,有世界、名具大名稱;是中如來,號廣大名稱。我於先日,從彼佛土發來至此。我於彼土、曾見一處有七萬七千外道,並其師首,同一會坐,為思諸法勝義諦相，彼共思議、稱量、觀察、徧尋求時，於一切法勝義諦相，竟不能得。唯除種種意解，別異意解，變異意解，互相違背，共興諍論，口出矛穳，更相穳刺，惱壞既已各各離散。世尊！我於爾時竊作是念：如來出世，甚奇！希有！由出世故，乃於如是超過一切尋思所行、勝義諦相，亦有通達，作證可得。說是語已，爾時世尊告法涌菩薩摩訶薩曰：善男子！如是！如是！如汝所說！我於超過一切尋思勝義諦相，現正等覺；現等覺已，為他宣說、顯現、開解、施設、照了。何以故？我說勝義，是諸聖者內自所證；尋思所行，是諸異生展轉所證。是故法涌！由此道理，當知勝義超過一切尋思境相。法涌！我說勝義無相所行；尋思但行有相境界。是故法涌！由此道理，當知勝義超過一切尋思境相。法涌！我說勝義，不可言說；尋思但行言說境界。是故法涌！由此道理，當知勝義超過一切尋思境相。法涌！我說勝義，絕諸表示；尋思，但行表示境界。是故、法涌！由此道理，當知勝義超過一切尋思境相。法涌！我說勝義絕諸諍論；尋思，但行諍論境界。是故、法涌！由此道理，當知勝義超過一切尋思境相。法涌！當知：譬如有人，盡其壽量習辛苦味；於蜜、石蜜上妙美味，不能尋思，不能比度，不能信解。或於長夜，由欲貪勝解，諸欲熾火所燒然故；於內除滅一切色、聲、香、味、觸相，妙遠離樂，不能尋思，不能比度，不能信解。或於長夜，由言說勝解，樂著世間綺言說故；於內寂靜聖默然樂，不能尋思，不能比度，不能信解。或於長夜，由見聞覺知表示勝解，樂著世間諸表示故；於永除斷一切表示薩迦耶滅究竟涅槃，不能尋思，不能比度，不能信解。法涌！當知：譬如有人，於其長夜由有種種我所攝受、諍論、勝解，樂著世間諸諍論故；於北拘盧洲無我所、無攝受、離諍論，不能尋思，不能比度，不能信解。如是、法涌！諸尋思者，於超一切尋思所行勝義諦相，不能尋思，不能比度，不能信解。爾時、世尊欲重宣此義，而說頌曰：

內證、無相之所行，　不可言說、絕表示，
息諸諍論勝義諦，　超過一切尋思相。

爾時、善清淨慧菩薩摩訶薩白佛言：世尊！甚奇！乃至世尊！善說！謂世尊言：勝義諦相，微細甚深，超過諸法一異性相，難可通達。世尊！我即於此曾見一處，有眾菩薩等正修行勝解行地，同一會坐，皆共思議勝義諦相，與諸行相一異性相。於此會中，一類菩薩作如是言：勝義諦相，與諸行相都無有異。一類菩薩復作是言：非勝義諦相，與諸行相都無有異；然勝義諦相，異諸行相。有餘菩薩疑惑猶豫，復作是言：是諸菩薩，誰言諦實？誰言虛妄？誰如理行？誰不如理？或唱是言：勝義諦相，與諸行相都無有異；或唱是言：勝義諦相，異諸行相。世尊！我見彼已，竊作是念：此諸善男子，愚癡頑鈍，不明、不善、不如理行，於勝義諦微細甚深，超過諸行一異性相，不能解了。說是語已。爾時、世尊告善清淨慧菩薩摩訶薩曰：善男子！如是如是！如汝所說！此諸善男子，愚癡、頑鈍、不明、不善、不如理行，於勝義諦微細甚深超過諸行一異性相，不能解了。何以故？善清淨慧！非於諸行如是行時，名能通達勝義諦相，或於勝義諦而得作證。何以故？善清淨慧！若勝義諦相，與諸行相都無異者：應於今時一切異生，皆已見諦；又諸異生，皆應已得無上方便安隱涅槃；或應已證阿耨多羅三藐三菩提。若勝義諦相，與諸行相一向異者：已見諦者，於諸行相應不除遣；若不除遣諸行相者，應於相縛不得解脫；此見諦者，於諸相縛不解脫故，於麤重縛亦應不脫；由於二縛不解脫故，已見諦者，應不能得無上方便安隱涅槃；或不應證阿耨多羅三藐三菩提。善清淨慧！由於今時，非諸異生，皆已見諦；非諸異生，已能獲

得無上方便，安隱涅槃；亦非已證阿耨多羅三藐三菩提。是故勝義諦相，
與諸行相，都無異相，不應道理！若於此中作如是言：勝義諦相與諸行相
都無異者，由此道理，當知一切非如理行，不如正理。善清淨慧！由於今時，
非見諦者、於諸行相不能除遣，然能除遣；非見諦者，於諸相縛不能解脫，
然能解脫；非見諦者、於麤重縛不能解脫，然能解脫；以於二障能解脫故，
亦能護得無上方便，安隱涅槃；或有能證阿耨多羅三藐三菩提。是故勝
義諦相，與諸行相，一向異相，不應道理！若於此中作如是言：勝義諦相、與
諸行相一向異者，由此道理，當知一切非如理行，不如正理。善清淨慧！若
勝義諦相，與諸行相都無異者：如諸行相墮雜染相，此勝義諦相，亦應如
是墮雜染相。善清淨慧！若勝義諦相，與諸行相一向異者：應非一切行相
共相，名勝義諦相。善清淨慧！由於今時勝義諦相，非墮雜染相；諸行共相，

名勝義諦相。是故勝義諦相、與諸行相、都無異相，不應道理；勝義諦相、與諸行相、一向異相，不應道理！若於此中作如是言：勝義諦相，與諸行相都無有異；或勝義諦相，與諸行相一向異者，由此道理，當知一切非如理行，不如正理。善淸淨慧！若勝義諦相，與諸行相都無異者：如勝義諦相，於諸行相無有差別，一切行相，亦應如是無有差別。修觀行者，於諸行中，如其所見，如其所聞，如其所覺，如其所知，不應後時更求勝義。若勝義諦相與諸行相一向異者：應非諸行唯無我性，唯無自性之所顯現，是勝義相。又應俱時別相成立：謂雜染相，及淸淨相。善淸淨慧！由於今時一切行相，皆有差別，非無差別；修觀行者於諸行中，如其所見，如其所聞，如其所覺，如其所知，復於後時更求勝義。又即諸行唯無我性，唯無自性之所顯現，名勝義相。又非俱時染淨二相，別相成立。是故勝義諦相，與諸行相都無有異，或一向異，不應道理！若於此中作如是言：勝義諦相，與諸行相都無有異；或一向異者，由此道理，當知一切非如理行，不如正理。善清淨慧！如螺貝上鮮白色性，不易施設與彼螺貝一相異相。如螺貝上鮮白色性；金上黃色，亦復如是。如箜篌聲上美妙曲性，不易施設與箜篌聲一相異相。如黑沈上有妙香性，不易施設與彼黑沈一相異相。如胡椒上辛猛利性，不易施設與彼胡椒一相異相。如胡椒上辛猛利性，訶梨澀性亦復如是。如蠹羅緜上有柔軟性，不易施設與蠹羅緜一相異相。如熟酥上所有醍醐，不易施設與彼熟酥一相異相。又如一切行上無常性，一切有漏法上苦性，一切法上補特伽羅無我性，不易施設與彼行等一相異相。又如貪上不寂靜相，及雜染相，不易施設此與彼貪一相異相。如於貪上，於瞋、癡上，當知亦爾。如是，善清淨慧！勝義諦相不可施設與諸行相一相異相。善清淨慧！我於如是微細、極微細；甚深、極甚深；難通達、極難通達；超過諸法一異性相，勝義諦相，現正等覺；現等覺已，爲他宣說、顯示、開解、施設、照了。爾時、世尊欲重宣此義，而說頌曰：

行界勝義相，　離一、異性相；　若分別一、異，
彼非如理行。　衆生爲相縛，　及爲麤重縛；
要勤修止觀，　爾乃得解脫。

爾時、世尊告尊者善現曰：善現！汝於有情界中，知幾有情懷增上慢，爲增上慢所執持故，記別所解？汝於有情界中，知幾有情離增上慢，記別所解？爾時、尊者善現白佛言：世尊！我知有情界中，少分有情離增上慢，記別所解。世尊！我知有情界中，有無量無數不可說有情，懷增上慢，爲增上慢所執持故，記別所解。世尊！我於一時，住阿練若大樹林中，時有衆多苾芻，亦

於此林依近我住。我見彼諸苾芻，於日後分，展轉聚集，依有所得現觀，各說種種相法，記別所解。於中一類：由得蘊故，得蘊相故，得蘊起故，得蘊盡故，得蘊滅故，得蘊滅作證故，記別所解。如此一類由得蘊故；復有一類由得處故；復有一類，得緣起故；當知亦爾。復有一類：由得食故，得食相故，得食起故，得食盡故，得食滅故，得食滅作證故，記別所解。復有一類：由得諦故，得諦相故，得諦徧知故，得諦永斷故，得諦作證故，得諦修習故，記別所解。復有一類：由得界故，得界相故，得界種種性故，得界非一性故，得界滅故，得界滅作證故，記別所解。復有一類：由得念住故，得念住相故，得念住能治所治故，得念住修故，得念住未生令生故，得念住生已堅住不忘倍修增廣故，記別所解。如有一類，得念住故；復有一類，得正斷故；得神足故；得諸根故；得諸力故；得覺支故；當知亦爾。復有一類，得八支聖道故，得八支聖道相故，得八支聖道能治所治故，得八支聖道修故，得八支聖道未生令生故，得八支聖道生已、堅住不忘、倍修增廣故，記別所解。世尊！我見彼已便作是念：此諸長老依有所得現觀，各說種種相法，記別所解；當知彼諸長老一切皆懷增上慢，爲增上慢所執持故，於勝義諦徧一切一味相，不能解了。是故、世尊！甚奇！乃至世尊！善說！謂世尊言：勝義諦相，微細、最微細；甚深、最甚深；難通達、最難通達；徧一切一味相。世尊！此聖教中修行苾芻於勝義諦徧一切一味相，尚難通達，況諸外道？爾時、世尊告尊者善現曰：如是！如是！善現！我於微細最微細，甚深最甚深，難通達最難通達，徧一切一味相勝義諦，現正等覺；現等覺已，爲他宣說、顯示、開解、施設、照了。何以故？善現！我已顯示於一切蘊中清淨所緣，是勝義諦；我已顯示於一切處、緣起、食、諦、界、念住、正斷、神足、根、力、覺支、道支中清淨所緣，是勝義諦。

此淸淨所緣，於一切蘊中，是一味相，無別異相；如於蘊中，如是於一切處中，乃至一切道支中，是一味相，無別異相。是故善現！由此道理，當知勝義諦是徧一切一味相。善現！修觀行苾芻通達一蘊眞如勝義法無我性已，更不尋求各別餘蘊、諸處、緣起、食、諦、界、念住、正斷、神足、根、力、覺支、道支眞如勝義法無我性。唯即隨此眞如勝義無二智爲依止故，於徧一切一味相勝義諦，審察趣證。是故善現！由此道理，當知勝義諦是徧一切一味相。善現！如彼諸蘊展轉異相，如彼諸處、緣起、食、諦、界、念住、正斷、神足、根、力、覺支、道支展轉異相。若一切法眞如勝義法無我性亦異相者，是則眞如勝義法無我性亦應有因，從因所生；若從因生，應是有爲；若是有爲，應非勝義；若非勝義，應更尋求餘勝義諦。善現！由此眞如勝義法無我性，不名有因，非因所生，亦非有爲，是勝義諦，得此勝義，更不尋求餘勝義諦。唯有常常時，恆恆時，如來出世，若不出世，諸法法性安立，法界安住。是故、善現！由此道理，當知勝義諦是徧一切一味相。善現！譬如種種非一品類異相色中，虛空無相、無分別、無變異，徧一切一味相。如是異性、異相一切法中，勝義諦、徧一切一味相，當知亦爾。爾時、世尊欲重宣此義，而說頌曰：

此徧一切一味相，　勝義、諸佛說無異；
若有於中異分別，　彼定愚癡依上慢。

心意識相品第三

爾時、廣慧菩薩摩訶薩白佛言：世尊！如世尊說：於心意識祕密善巧菩薩。於心意識祕密善巧菩薩者：齊何名為於心意識祕密善巧菩薩？如來齊何施設彼為於心意識祕密善巧菩薩？說是語已。爾時、世尊告廣慧菩薩摩訶薩曰：善哉！善哉！廣慧！汝今乃能請問如來如是深義；汝今為欲利益安樂無量衆生，哀愍世間、及諸天、人、阿素洛等；爲令獲得義利安樂，故發斯問。汝應諦聽！吾當爲汝說心意識秘密之義。廣慧！當知：於六趣生死彼彼有情，墮彼彼有情衆中：或在卵生，或在胎生，或在濕生，或在化生，身分生起。於中最初一切種子心識成熟、展轉、和合、增長、廣大。依二執受：一者有色諸根，及所依執受。二者相名分別言說戲論習氣執受。有色界中具二執受；無色界中不具二種。廣慧！此識亦名阿陀那識。何以故？由此識於身隨逐執持故。亦名阿賴耶識。何以故？由此識於身攝受、藏隱、同安危義故。亦名爲心。何以故？由此識色、聲、香、味、觸等積集滋長故。廣慧！阿陀那識爲依止爲建立故，六識身轉：謂眼識、耳、鼻、舌、身、意識。此中有識：眼及色爲緣生眼識，與眼識俱隨行，同時同境有分別意識轉。有識：耳、鼻、舌、身及聲、香、味、觸爲緣，生耳、鼻、舌、身識，與耳、鼻、舌、身識俱隨行，同時同境，有分別意識轉。廣慧！若於爾時一眼識轉，即於此時，唯有一分別意識，與眼識同所行轉。若於爾時二、三、四、五、諸識身轉，即於此時，唯有一分別意識，與五識身同所行轉。廣慧！譬如大暴水流，若有一浪生緣現前，唯一浪轉；若二、若多浪生緣現前，有多浪轉。然此暴水，自類恆流，無斷無盡。又如善淨鏡面，若有一影生緣現前，唯一影起；若二、若多影生緣現前，有多影起。非此鏡面轉變爲影，亦無受用滅盡可得。如是、廣慧！由似暴流阿陀那識爲依止爲建立故，若於爾時有一眼識生緣現前，即於此時一眼識轉；若於爾時乃至有五識身生緣現前，即於此時五識身轉。廣慧！如是菩薩，雖由法住智爲依止爲建立故，於心意識秘密善巧。然諸如來不齊於此施設彼爲於心意識一切秘密善巧菩薩。廣慧！若諸菩薩於內各別：如實不見阿陀那，不見阿陀那識；不見阿賴耶、不見阿賴耶識；不見積集，不見心；不見眼色、及眼識；不見耳聲、及耳識；不見鼻香、及鼻識；不見舌味、及舌識；不見身觸、及身識；不見意法、及意識：是名勝義善巧菩薩；如來施設彼爲勝義善巧菩薩。廣慧！齊此名爲於心意識一切秘密善巧菩薩；如來齊此施設彼爲於心意識一切秘密善巧菩薩。爾時、世尊欲重宣此義，而說頌曰：

阿陀那識甚深細，　一切種子如暴流，
我於凡愚不開演，　恐彼分別執爲我。

解深密經卷第一

音釋

揭路茶 梵語也，此云金翅鳥。揭，居謁切。茶，同都切。 **緊捺洛** 梵語也，此云疑神。捺，乃曷切。 **翼從** 翼，衞也。從，疾用切，侍從也。 **殑伽** 梵語也，此云天堂來，河名也。殑，其陵切。 **矛䂎** 矛，莫浮切，鉤兵也。䂎，子算切，矟也。 **䂎刺** 䂎，七丸切，擲也。刺，七賜切，直傷也。 **猶豫** 猶豫，獸名，性多疑，故以事不決者爲猶豫。

解深密經卷第二

唐三藏法師玄奘奉　詔譯

一切法相品第四

爾時、德本菩薩摩訶薩白佛言：世尊！如世尊說：於諸法相善巧菩薩。於諸法相善巧菩薩者：齊何名爲於諸法相善巧菩薩？如來齊何施設彼爲於諸法相善巧菩薩？說是語已。爾時、世尊告德本菩薩曰：善哉！德本！汝今乃能請問如來如是深義；汝今爲欲利益安樂無量衆生，哀愍世間及諸天人阿素洛等；爲令獲得義利安樂，故發斯問。汝應諦聽！吾當爲汝說諸法相。謂諸法相，略有三種：何等爲三？一者、偏計所執相；二者、依他起相；三者、圓成實相。云何諸法偏計所執相？謂一切法名假安立自性差別，乃至爲令隨起言說。云何諸法依他起相？謂一切法，緣生自性；則此有故彼有，此生故彼生；謂無明緣行，乃至招集純大苦蘊。云何諸法圓成實相？謂一切法平等眞如；於此眞如，諸菩薩衆勇猛精進，爲因緣故，如理作意，無倒思惟爲因緣故，乃能通達；於此通達，漸漸修習，乃至無上正等菩提，方證圓滿。善男子！如眩翳人，眼中所有眩翳過患；偏計所執相，當知亦爾。如眩翳人眩翳衆相：或髮毛、輪、蜂、蠅、苣藤，或復靑、黃、赤、白等相差別現前；依他起相，當知亦爾。如淨眼人，遠離眼中眩翳過患，即此淨眼本性所行，無亂境界；圓成實相，當知亦爾。善男子！譬如淸淨頗胝迦寶，若與靑染色合，則似帝靑、大靑、末尼寶像；由邪執取帝靑、大靑、末尼寶故，惑亂有情。若與赤染色合，則似琥珀末尼寶像；由邪執取琥珀末尼寶故，惑亂有情。若與綠染色合，則似末羅羯多末尼寶像；由邪執取末羅羯多末尼寶故，惑亂有情。若與黃染色合，則似金像；由邪執取眞金像故，惑亂有情。如是、德本！如彼清淨頗胝迦上，所有染色相應；依他起相上，徧計所執相言說習氣，當知亦爾。如彼清淨頗胝迦上，所有帝青、大青、琥珀、末羅羯多、金等邪執；依他起相上，徧計所執相執，當知亦爾。如彼清淨頗胝迦寶；依他起相，當知亦爾。如彼清淨頗胝迦上所有帝青、大青、琥珀、末羅羯多、眞金等相，於常常時，於恆恆時，無有眞實無自性性；即依他起相上，由徧計所執相，於常常時，於恆恆時，無有眞實無自性性。圓成實相，當知亦爾。復次、德本！相名相應以爲緣故，徧計所執相而可了知；依他起相上，徧計所執相執以爲緣故，依他起相而可了知；依他起相上，徧計所執相無執以爲緣故，圓成實相而可了知。善男子！若諸菩薩，能於諸法依他起相上，如實了知徧計所執相，即能如實了知一切無相之法；若諸菩薩、如實了知依他起相，即能如實了知一切雜染相法；若諸菩薩、如實了知圓成實相，即能如實了知一切清淨相法。善男子！若諸菩薩，能於依他起相上，如實了知無相之法，即能斷滅雜染相法；若能斷滅雜染相法，即能證得清淨相法。如是、德本！由諸菩薩、如實了知徧計所執相、依他起相、圓成實相故；如實了知諸無相法、雜染相法、清淨相法；如實了知無相法故，斷滅一切雜染相法，斷滅一切染相法故，證得一切清淨相法。齊此名爲於諸法相善巧菩薩；如來齊此施設彼爲於諸法相善巧菩薩。爾時、世尊欲重宣此義，而說頌曰：

若不了知無相法，　雜染相法不能斷，
不斷雜染相法故，　壞證微妙淨相法。
不觀諸行衆過失，　放逸過失害衆生，
懈怠住法、動法中，　無有失壞可憐愍！

無自性相品第五

爾時、勝義生菩薩摩訶薩白佛言：世尊！我曾獨在靜處，心生如是尋思：世尊以無量門，曾說諸蘊所有自相、生相、滅相、永斷、徧知。如說諸蘊，諸處、緣起、諸食亦爾。以無量門，曾說諸諦所有自相、徧知、永斷、作證、修習。以無量門，曾說諸界所有自相、種種界性、非一界性、永斷、徧知。以無量門，曾說念住所有自相、能治、所治、及以修習、未生令生、生已堅住不忘、倍修增長廣大。如說念住，正斷、神足、根、力、覺支亦復如是。以無量門，曾說八支聖道所有自相、能治、所治、及以修習、未生令生、生已堅住不忘，倍修增長廣大。世尊復說一切諸法，皆無自性、無生、無滅、本來寂靜、自性涅槃。未審世尊依何密意作如是說：一切諸法，皆無自性、無生、無滅、本來寂靜、自性涅槃？我今請問如來斯義，惟願如來哀愍解釋，說一切法皆無自性、無生、無滅、本來寂靜、自性涅槃所有密意。爾時世尊告勝義生菩薩曰：善哉！善哉！勝義生！汝所尋思，甚爲如理！善哉善哉！善男子！汝今乃能請問如來如是深義，汝今爲欲利益安樂無量衆生，哀愍世間、及諸天、人、阿素洛等，爲令獲得義利安樂故發斯問。汝應諦聽！吾當爲汝解釋所說一切諸法皆無自性、無生、無滅、本來寂靜、自性涅槃、所有密意。勝義生！當知我依三種無自性性，密意說言一切諸法皆無自性：所謂相無自性性，生無自性性，勝義無自性性。善男子！云何諸法相無自性性？謂諸法徧計所執相。何以故？此由假名安立爲相，非由自相安立爲相，是故說名相無自性性。云何諸法生無自性性？謂諸法依他起相。何以故？此由依他緣力故有，非自然有，是故說名生無自性性。云何諸法勝義無自性性？謂諸法由生無自性性故，說名無自性性；即緣生法，亦名勝義無自性性。何以故？於諸法中：若是清淨所緣境界，我顯示彼以爲勝義無自性性，依他起相，非是清淨所緣境界，是故亦說名爲勝義無自性性。復有諸法圓成實相，亦名勝義無自性性。何以故？一切諸法法無我性，名爲勝義，亦得名爲無自性性，是一切法勝義諦故，無自性性之所顯故。由此因緣，名爲勝義無自性性。善男子！譬如空華，相無自性性，當知亦爾。譬如幻像，生無自性性，當知亦爾。一分勝義無自性性，當知亦爾。譬如虛空，惟是衆色無性所顯，徧一切處，一分勝義無自性性，當知亦爾；法無我性之所顯故，徧一切故。善男子！我依如是三種無自性性，密意說言：一切諸法皆無自性。勝義生！當知我依相無自性性，密意說言一切諸法無生、無滅、本來寂靜、自性涅槃。何以故？若法自相都無所有；則無有生；若無有生，則無有滅；若無生無滅，則本來寂靜；若本來寂靜，則自性涅槃。於中都無少分所有，更可令其般涅槃故。是故我依相無自性性，密意說言一切諸法無生、無滅、本來寂靜、自性涅槃。善男子！

我亦依法無我性所顯勝義無自性性，密意說言一切諸法無生、無滅、本來寂靜、自性涅槃。何以故？法無我性所顯勝義無自性性，於常常時，於恆恆時，諸法法性、安住無爲。一切雜染不相應故，於常常時，於恆恆時，諸法法性安住，故無爲；由無爲，故無生無滅；一切雜染不相應故，本來寂靜，自性涅槃。是故我依法無我性所顯勝義無自性性，密意說言一切諸法無生、無滅、本來寂靜、自性涅槃。復次，勝義生！非由有情界中諸有情類別觀偏計所執自性爲自性故，亦非由彼別觀依他起自性及圓成實自性爲自性故，我立三種無自性性；然由有情於依他起自性、及圓成實自性上，增益偏計所執自性故，我立三種無自性性。由偏計所執自性相故，彼諸有情，於依他起自性、及圓成實自性中，隨起言說。如如隨起言說，如是如是，由言說熏習心故，由言說隨覺故，由言說隨眠故，於依他起自性、及圓成實自性中，執著偏計所執自性相。如如執著如是如是，於依他起自性、及圓成實自性上，執著偏計所執自性；由是因緣，生當來世依他起自性；由此因緣，或爲煩惱雜染所染，或爲業雜染所染，或爲生雜染所染。於生死中長時馳騁，長時流轉，無有休息。或在那洛迦，或在傍生，或在餓鬼，或在天上，或在阿素洛，或在人中受諸苦惱。復次，勝義生！若諸有情從本已來：未種善根，未淸淨障，未成熟相續，未多修勝解，未能積集福德、智慧二種資糧。我爲彼故，依生無自性性，宣說諸法。彼聞是已，能於一切緣生行中，隨分解了無常、無恆，是不安隱變壞法已；於一切行，心生怖畏，深起厭患；心生怖畏，深厭患已；遮止諸惡，於諸惡法能不造作，於諸善法能勤修習；習善因故，未種善根能種善根，未淸淨障能令淸淨，未成熟相續能令成熟，由此因緣，多修勝解，亦多積集福德智慧二種資糧。彼雖如是種諸善根，乃至積集福德智慧二種資糧；然於生無自性性中，未能如實了知相無自性性，及二種勝義無自性性。於一切行，未能正厭，未正離欲，未正解脫，未徧解脫煩惱雜染，未徧解脫諸業雜染，未徧解脫諸生雜染。如來爲彼更說法要：謂相無自性性、及勝義無自性性。爲欲令其於一切行，能正厭故，正離欲故，正解脫故，超過一切煩惱雜染故，超過一切業雜染故，超過一切生雜染故。彼聞如是所說法已，於生無自性性中，能正信解相無自性性，及勝義無自性性，揀擇思惟，如實通達；於依他起自性中，能不執著徧計所執自性相。由言說不熏習智故，由言說不隨覺智故，由言說離隨眠智故，能滅依他起相；於現法中智力所持，能永斷滅當來世因。由此因緣，於一切行能正厭患，能正離欲，能正解脫，能徧解脫煩惱、業、生三種雜染。復次、勝義生！諸聲聞乘種性有情，亦由此道此行迹故，證得無上安隱涅槃；諸獨覺乘種性有情，諸如來乘種性有情，亦由此道此行迹故，證得無上安隱涅槃。一切聲聞、獨覺、菩薩，皆共此一妙清淨道，皆同此一究竟清淨，更無第二。我依此故密意說言惟有一乘，非於一切有情界中，無有種種有情種性：或鈍根性，或中根性，或利根性，有情差別。善男子！若一向趣寂聲聞種性補特伽羅，雖蒙諸佛施設種種勇猛加行方便化導，終不能令當坐道場證得阿耨多羅三藐三菩提。何以故？由彼本來惟有下劣種性故，一向慈悲薄弱故，一向怖畏衆苦故。由彼一向慈悲薄弱，是故一向棄背利益諸衆生事；由彼一向怖畏衆苦，是故一向棄背發起諸行所作。我終不說一向棄背利益衆生事者，一向棄背發起諸行所作者，當坐道場能得阿耨多羅三藐三菩提，是故說彼名爲一向趣寂聲聞。若迴向菩提聲聞種性補特伽羅，我亦異門說爲菩薩。何以故？彼既解脫煩惱障已，若蒙諸佛等覺悟時，於所知障，其心亦可當得解脫。由彼最初為自利益修行加行脫煩惱障，是故如來施設彼為聲聞種性。復次，勝義生！如是於我善說善制法毗奈耶，最極清淨意樂所說善教法中，諸有情類，意解種種差別可得。善男子！如來但依如是三種無自性性，由深密意，於所宜說不了義經，以隱密相說諸法要：謂一切法，皆無自性、無生、無滅、本來寂靜、自性涅槃。於是經中，若諸有情已種上品善根，已清淨諸障，已成熟相續，已多修勝解，已能積集上品福德智慧資糧。彼若聽聞如是法已，於我甚深密意言說，如實解了，於如是法，深生信解，於如是義，以無倒慧，如實通達。於此通達善修習故，速疾能證最極究竟；亦於我所深生淨信，知是如來應正等覺，於一切法現正等覺。若諸有情，已種上品善根，已清淨諸障，已成熟相續，已多修勝解；未能積集上品福德智慧資糧，其性質直，是質直類，雖無力能思擇廢立，而不安住自見取中。彼若聽聞如是法已，於我甚深秘密言說，雖無力能如實解了，然於此法能生勝解，發淸淨信，信此經典是如來說，是其甚深顯現，甚深空性相應，難見難悟，不可尋思，非諸尋思所行境界。微細詳審聰明智者之所解了，於此經典所說義中自輕而住。作如是言：諸佛菩提爲最甚深，諸法法性亦最甚深，惟佛如來能善了達，非是我等所能解了。諸佛如來爲彼種種勝解有情轉正法教；諸佛如來無邊智見，我等智見，猶如牛跡。於此經典雖能恭敬爲他宣說，書寫護持，披閱流布，慇重供養，受誦溫習；然猶未能以其修相發起加行，是故於我甚深密意所說言辭，不能通達。由此因緣，彼諸有情亦能增長福德智慧二種資糧，於後相續未成熟者，亦能成熟。若諸有情廣說乃至未能積集上品福德智慧資糧，性非質直，非質直類，雖有力能思擇廢立，而復安住自見取中。彼若聽聞如是法已，於我甚深密意言說，不能如實解了。於如是法，雖生信解，然於其義，隨言執著；謂一切法、決定皆無自性，決定不生不滅，決定本來寂靜，決定自性涅槃。由此因緣，於一切法獲得無見及無相見，由得無見無相見故，撥一切相皆是無相；誹撥諸法徧計所執相，依他起相、圓成實相。何以故？由有依他起相及圓成實相故，徧計所執相方可施設，若於依他起相及圓成實相見爲無相，彼亦誹撥徧計所執相；是故說彼誹撥三相。雖於我法起於法想，而非義中起於義想，由於我法起法想故，及非義中起義想故，於是法中持爲是法，於非義中持爲是義。彼雖於法起信解故，福德增長；然於非義起執著故，退失智慧。智慧退故，退失廣大無量善法。復有有情從他聽聞謂法爲法，非義爲義，若隨其見，彼即於法起於法想，於非義中起於義想，執法爲法，非義爲義。

由此因緣，當知同彼退失善法。若有有情，不隨其見，從彼欻聞一切諸法，皆無自性、無生、無滅、本來寂靜、自性涅槃，便生恐怖，生恐怖已，作如是言：此非佛語，是魔所說。作此解已，於是經典，誹謗毀罵，由此因緣，獲大衰損，觸大業障。由是緣故，我說若有於一切相起無相見，於非義中宣說爲義，是起廣大業障方便。由彼陷墜無量衆生，令其獲得大業障故。善男子！若諸有情未種善根，未淸淨障，未熟相續，無多勝解，未集福德智慧資糧，性非質直，非質直類，雖有力能思擇廢立，而常安住自見取中。彼若聽聞如是法已，不能如實解我甚深密意言說，亦於此法不生信解，於是法中起非法想，於是義中起非義想，於是法中執爲非法，於是義中執爲非義。唱如是言：此非佛語，是魔所說。作此解已，於是經典誹謗毀罵，撥爲虛僞，以無量門毀滅摧伏，如是經典，於諸信解此經典者，起怨家想。彼先爲諸業障所障，由此因緣，復爲如是業障所障，如是業障，初易施設，乃至齊於百千俱胝那庾多劫，無有出期。善男子！如是於我善說、善制法、毗奈耶，最極清淨意樂所說善教法中，有如是等諸有情類，意解種種差別可得。爾時、世尊欲重宣此義而說頌曰：

一切諸法皆無性，　無生、無滅本來寂，
諸法自性恆涅槃。　誰有智言無密意？
相、生、勝義、無自性，　如是我皆已顯示；
若不知佛此密意，　失壞正道不能往！
依諸淨道清淨者，　惟依此一無第二，
故於其中立一乘，　非有情性無差別。
衆生界中無量生，　惟度一身趣寂滅，

大悲勇猛證涅槃，　不捨衆生甚難得！
微妙難思無漏界，　於中解脫等無差，
一切義成離惑苦，　二種異說謂常樂。

爾時、勝義生菩薩復白佛言：世尊！諸佛如來密意語言，甚奇！希有！乃至微妙最微妙！甚深最甚深！難通達最難通達！如是我今領解世尊所說義者：若於分別所行偏計所執相所依行相中，假名安立，以爲色蘊，或自性相，或差別相；假名安立爲色蘊生、爲色蘊滅、及爲色蘊永斷、偏知，或自性相，或差別相；是名偏計所執相。世尊依此施設諸法相無自性性。若即分別所行偏計所執相所依行相，是名依他起相。世尊依此施設諸法生無自性性，及一分勝義無自性性。如是我今領解世尊所說義者：若即於此分別所行偏計所執相所依行相中，由偏計所執相不成實故，即此自性無自性性法、無我眞如淸淨所緣，是名圓成實相。世尊依此施設一分勝義，無自性性。如於色蘊，如是於餘蘊皆應廣說；如於諸蘊，如是於十二處，一一處中皆應廣說；於十二有支，一一支中皆應廣說；於四種食，一一食中皆應廣說；於六界、十八界，一一界中皆應廣說。如是我今領解世尊所說義者：若於分別所行徧計所執相所依行相中，假名安立以爲苦諦、苦諦徧知，或自性相，或差別相，是名徧計所執相。世尊依此施設諸法相無自性性。若即分別所行徧計所執相所依行相，是名依他起相。世尊依此施設諸法生無自性性、及一分勝義無自性性。如是我今領解世尊所說義者：若即於此分別所行徧計所執相所依行相中，由徧計所執相不成實故，即此自性無自性性法、無我眞如淸淨所緣，是名圓成實相。世尊依此施設一分勝義無自性性。如於苦諦，如是於餘諦皆應廣說。如於聖諦，如是，於諸念住、正斷、神足、根、力、覺支、道支中，一一皆應廣說。如是我今領解世尊所說義者：若於分別所行偏計所執相所依行相中，假名安立以爲正定，及爲正定能治所治，若正修未生令生，生已堅住不忘，倍修增長廣大，或自性相，或差別相，是名偏計所執相。世尊依此施設諸法相無自性性。若即分別所行偏計所執相、所依行相，是名依他起相。世尊依此施設諸法生無自性性、及一分勝義無自性性。如是我今領解世尊所說義者：若即於此分別所行偏計所執相所依行相中，由偏計所執相不成實故，即此自性無自性性法、無我眞如清淨所緣，是名圓成實相。世尊依此施設諸法一分勝義無自性性。世尊！譬如毗濕縛藥，一切散藥、仙藥方中，皆應安處。如是、世尊！依此諸法皆無自性、無生、無滅、本來寂靜、自性涅槃，無自性性了義言教，偏於一切不了義經，皆應安處。世尊！如彩畫地，偏於一切彩畫事業、皆同一味，或青、或黃、或赤、或白、復能顯發彩畫事業。如是、世尊！依此諸法皆無自性、廣說乃至自性涅槃、無自性性了義言教，偏於一切不了義經，皆同一味，復能顯發彼諸經中所不了義。世尊！譬如一切成熟珍饈諸餅果內，投之熟酥，更生勝味。如是、世尊！依此諸法皆無自性、廣說乃至自性涅槃，無自性性了義言教，置於一切不了義經，生勝歡喜。世尊！譬如虛空偏一切處，皆同一味，不障一切所作事業。如是、世尊！依此諸法皆無自性，廣說乃至自性涅槃，無自性性了義言教，偏於一切不了義經，皆同一味，不障一切聲聞、獨覺及諸大乘所修事業。說是語已。爾時、世尊歎勝義生菩薩曰：善哉！善哉！善男子！汝今乃能善解如來所說甚深密意言義；復於此義善作譬喻，所謂世間毗濕縛藥、雜彩畫地、熟酥、虛空。勝義生！如是如是！更無有異！如是如是！汝應受持！爾時、勝義生菩薩復白佛言：世尊！初於一時、在婆羅痆斯仙人墮處施鹿林中，惟爲發趣聲聞乘者，以四諦相轉正法輪，雖是甚奇甚爲希有，一切世間諸天人等先無有能如法轉者。而於彼時所轉法輪，有上、有容，是未了義，是諸諍論安足處所。世尊在昔第二時中，惟爲發趣修大乘者，依一切法皆無自性、無生、無滅、本來寂靜、自性涅槃，以隱密相轉正法輪。雖更甚奇，甚爲希有，而於彼時所轉法輪，亦是有上、有所容受，猶未了義，是諸諍論安足處所。世尊於今第三時中，普爲發趣一切乘者，依一切法皆無自性、無生、無滅、本來寂靜、自性涅槃，無自性性，以顯了相轉正法輪，第一甚奇、最爲希有！於今世尊所轉法輪，無上、無容，是眞了義，非諸諍論安足處所。世尊！若善男子、或善女人，於此如來依一切法皆無自性、無生、無滅、本來寂靜、自性涅槃，所說甚深了義言教，聞已信解、書寫、護持、供養、流布、受誦、溫習、如理思惟，以其修相發起加行，生幾所福？說是語已。爾時、世尊告勝義生菩薩曰：勝義生！是善男子、或善女人，其所生福，無量無數難可喻知吾今爲汝略說少分：如爪上土比大地土百分不及一，千分不及一，百千分不及一，數算計喻鄔波尼殺曇分亦不及一。或如牛跡中水比四大海水，百分不及一，廣說乃至鄔波尼殺曇分亦不及一。如是於諸不了義經聞已信解，廣說乃至以其修相、發起加行所獲功德，比此所說了義經教聞已信解所集功德，廣說乃至以其修相、發起加行所集功德，百分不及一，廣說乃至鄔波尼殺曇分亦不及一。說是語已。爾時勝義生菩薩復白佛言：世尊！於是解深密法門中，當何名此教？我當云何奉持？佛告勝義生菩薩曰：善男子！此名勝義了義之教；於此勝義了義之教，汝當奉持！說此勝義了義教時，於大會中：有六百千衆生，發阿耨多羅三藐三菩提心；三百千聲聞，遠塵離垢，於諸法中得法眼淨；一百五十千聲聞，永盡諸漏，心得解脫；七十五千菩薩，得無生法忍。

解深密經卷第二

音釋

萓蕂萓，其呂切。蕂，詩證切，萓蕂，胡麻也。頗胝迦梵語也，此云水精。頗，普禾切。胝，張尼切。欻許勿切，忽也。婆羅痆斯梵語也，此云鹿苑，痆，女黠切。

解深密經卷第三

唐三藏法師玄奘奉　詔譯

分別瑜伽品第六

爾時、慈氏菩薩摩訶薩白佛言：世尊！菩薩何依？何住？於大乘中修奢摩他、毗鉢舍那？佛告慈氏菩薩曰：善男子！當知菩薩法假安立，及不捨阿耨多羅三藐三菩提願爲依、爲住，於大乘中修奢摩他、毗鉢舍那。慈氏菩薩復白佛言：如世尊說四種所緣境事：一者有分別影像所緣境事；二者無分別影像所緣境事；三者事邊際所緣境事；四者所作成辦所緣境事。於此四中：幾是奢摩他所緣境事？幾是毗鉢舍那所緣境事？幾是俱所緣境事？佛告慈氏菩薩曰：善男子！一是奢摩他所緣境事，謂無分別影像；一是毗鉢舍那所緣境事，謂有分別影像；二是俱所緣境事，謂事邊際、所作成辦。慈氏菩薩復白佛言：世尊！云何菩薩依是四種奢摩他、毗鉢舍那所緣境事，能求奢摩他？能善毗鉢舍那？佛告慈氏菩薩曰：善男子！如我爲諸菩薩所說法假安立：所謂契經、應頌、記別、諷誦、自說、因緣、譬喩、本事、本生、方廣、希法、論議。菩薩於此善聽、善受、言善通利，意善尋思，見善通達。即於如是善思惟法，獨處空閑，作意思惟。復即於此能思惟心，內心相續，作意思惟。

如是正行多安住故，起身輕安、及心輕安，是名奢摩他。如是菩薩能求奢
摩他。彼由獲得身心輕安為所依故，即於如所善思惟法內三摩地所行
影像，觀察勝解，捨離心相。即於如是三摩地影像所知義中，能正思擇最
極思擇，周徧尋思，周徧伺察，若忍、若樂、若慧、若見、若觀，是名毗鉢舍那。如
是菩薩能善毗鉢舍那。慈氏菩薩復白佛言：世尊！若諸菩薩緣心為境，內
思惟心，乃至未得身心輕安，所有作意，當名何等？佛告慈氏菩薩曰：善男
子！非奢摩他作意，是隨順奢摩他勝解相應作意。世尊！若諸菩薩、乃至未
得身心輕安，於如所思所有諸法內三摩地所緣影像作意思惟，如是作
意，當名何等？善男子！非毗鉢舍那作意，是隨順毗鉢舍那勝解相應作意。
慈氏菩薩復白佛言：世尊！奢摩他道，與毗鉢舍那道，當言有異？當言無異？
佛告慈氏菩薩曰：善男子！當言非有異非無異。何故非有異？以毗鉢舍那

所緣境心，爲所緣故。何故非無異？有分別影像，非所緣故。慈氏菩薩復白佛言：世尊！諸毗鉢舍那三摩地所行影像，彼與此心，當言有異？當言無異？佛告慈氏菩薩曰：善男子！當言無異！何以故？由彼影像唯是識故。善男子！我說識所緣，唯識所現故。世尊！若彼所行影像，即與此心無有異者，云何此心還見此心？善男子！此中無有少法能見少法；然即此心如是生時，即有如是影像顯現。善男子！如依善瑩淸淨鏡面，以質爲緣，還見本質，而謂我今見於影像，及謂離質別有所行影像顯現。如是此心生時，相似有異三摩地所行影像顯現。世尊！若諸有情自性而住，緣色等心所行影像，彼與此心，亦無異耶？善男子！亦無有異！而諸愚夫由顛倒覺，於諸影像，不能如實知唯是識，作顛倒解。慈氏菩薩復白佛言：世尊！齊何當言菩薩一向修毗鉢舍那？佛告慈氏菩薩曰：善男子！若相續作意，唯思惟心相。世尊！齊何當言菩薩一向修奢摩他？善男子！若相續作意，唯思惟無間心。世尊！齊何當言菩薩奢摩他、毗鉢舍那、和合俱轉？善男子！若正思惟心一境性。世尊！云何心相？善男子！謂三摩地所行有分別影像，毗鉢舍那所緣。世尊！云何無間心？善男子！謂緣彼影像心，奢摩他所緣。世尊！云何心一境性？善男子！謂通達三摩地所行影像，唯是其識；或通達此已復思惟如性。慈氏菩薩復白佛言：世尊！毗鉢舍那凡有幾種？佛告慈氏菩薩曰：善男子！略有三種：一者有相毗鉢舍那；二者尋求毗鉢舍那；三者伺察毗鉢舍那。云何有相毗鉢舍那？謂純思惟三摩地所行有分別影像毗鉢舍那。云何尋求毗鉢舍那？謂由慧故，徧於彼彼未善解了一切法中，為善了故，作意思惟毗鉢舍那。云何伺察毗鉢舍那？謂由慧故，徧於彼彼已善解了，一切法中；為善證得極解脫故，作意思惟毗鉢舍那。慈氏菩薩復白佛言：世尊！是奢摩他，凡有幾種？佛告慈氏菩薩曰：善男子！即由隨彼無間心故，當知此中亦有三種。復有八種：謂初靜慮，乃至非想非非想處，各有一種奢摩他故。復有四種：謂慈、悲、喜、捨四無量中，各有一種奢摩他故。慈氏菩薩復白佛言：世尊！如說依法奢摩他、毘鉢舍那，復說不依法奢摩他、毘鉢舍那：云何名依法奢摩他、毘鉢舍那？云何復名不依法奢摩他、毘鉢舍那？佛告慈氏菩薩曰：善男子！若諸菩薩隨先所受所思法相，而於其義得奢摩他、毘鉢舍那，名依法奢摩他、毘鉢舍那。若諸菩薩不待所受所思法相，但依於他教誡教授，而於其義得奢摩他、毘鉢舍那；謂觀青瘀及膿爛等，或一切行皆是無常，或諸行苦，或一切法皆無有我，或復涅槃畢竟寂靜。如是等類奢摩他、毘鉢舍那，名不依法奢摩他、毘鉢舍那。由依止法得奢摩他、毘鉢舍那，故我施設隨法行菩薩，是利根性；由不依法得奢摩他、毘鉢舍那，故我施設隨信行菩薩，是鈍根性。慈氏菩薩復白佛言：世尊！如說緣別法奢摩他、毗鉢舍那，復說緣總法奢摩他、毗鉢舍那：云何名爲緣別法奢摩他、毗鉢舍那？云何復名緣總法奢摩他、毗鉢舍那？佛告慈氏菩薩曰：善男子！若諸菩薩，緣於各別契經等法，於如所受所思惟法，修奢摩他、毗鉢舍那，是名緣別法奢摩他、毗鉢舍那。若諸菩薩，即緣一切契經等法，集爲一團、一積、一分、一聚、作意思惟：此一切法，隨順眞如，趣向眞如，臨入眞如，隨順菩提，隨順涅槃，隨順轉依，及趣向彼，若臨入彼。此一切法，宣說無量無數善法。如是思惟修奢摩他、毗鉢舍那，是名緣總法奢摩他、毗鉢舍那。慈氏菩薩復白佛言：世尊！如說緣小總法奢摩他、毗鉢舍那，復說緣大總法奢摩他、毗鉢舍那，又說緣無量總法奢摩他、毗鉢舍那：云何名緣小總法奢摩他、毗鉢舍那？云何名緣大總法奢摩他、毗鉢舍那？云何復名緣無量總法奢摩他毗鉢舍那？佛告慈氏菩薩曰：善男子！若緣各別契經，乃至各別論議，爲一團等作意思惟，當知是名緣小總法奢摩他、毗鉢舍那。若緣乃至所受所思契經等法，爲一團等作意思惟，非緣各別，當知是名緣大總法奢摩他、毗鉢舍那。若緣無量如來法敎，無量法句文字，無量後後慧所照了，爲一團等作意思惟，非緣乃至所受所思，當知是名緣無量總法奢摩他、毗鉢舍那。慈氏菩薩復白佛言：世尊！菩薩齊何名得緣總法奢摩他、毗鉢舍那？佛告慈氏菩薩曰：善男子！由五緣故，當知名得：一者、於思惟時，剎那剎那，融銷一切麤重所依。二者、離種種想得樂法樂。三者、解了十方無差別相，無量法光。四者、所作成滿相應淨分無分別相，恒現在前。五者、爲令法身得成滿故，攝受後後轉勝妙因。慈氏菩薩復白佛言：世尊！此緣總法奢摩他、毗鉢舍那，當知從何名爲通達？從何名得？佛告慈氏菩薩曰：

善男子！從初極喜地，名爲通達；從第三發光地，乃名爲得。善男子！初業菩薩，亦於是中隨學作意，雖未可歎，不應懈廢。慈氏菩薩復白佛言：世尊！是奢摩他、毗鉢舍那：云何名有尋有伺三摩地？云何名無尋惟伺三摩地？云何名無尋無伺三摩地？佛告慈氏菩薩曰：善男子！於如所取尋伺法相，若有麤顯領受觀察諸奢摩他、毗鉢舍那，是名有尋有伺三摩地。若於彼相，雖無麤顯領受觀察，而有微細彼光明念領受觀察諸奢摩他、毗鉢舍那，是名無尋惟伺三摩地。若即於彼一切法相，都無作意領受觀察諸奢摩他、毗鉢舍那，是名無尋無伺三摩地。復次，善男子！若有尋求奢摩他、毗鉢舍那，是名有尋有伺三摩地。若有伺察奢摩他、毗鉢舍那，是名無尋惟伺三摩地。若緣總法奢摩他、毗鉢舍那，是名無尋無伺三摩地。慈氏菩薩復白佛言：世尊！云何止相？云何舉相？云何捨相？佛告慈氏菩薩曰：善男子！若心掉舉，或恐掉舉時，諸可厭法作意，及彼無間心作意，是名止相。若心沈沒，或恐沈沒時，諸可欣法作意，及彼心相作意、是名舉相。若於一向止道，或於一向觀道，或於雙運轉道，二隨煩惱所染汙時，諸無功用作意，及心任運轉中所有作意，是名捨相。慈氏菩薩復白佛言：世尊！修奢摩他、毗鉢舍那諸菩薩衆，知法知義：云何知法？云何知義？佛告慈氏菩薩曰：善男子！彼諸菩薩，由五種相了知於法：一者知名，二者知句，三者知文，四者知別，五者知總。云何爲名？謂於一切染淨法中，所立自性想假施設。云何爲句？謂即於彼名聚集中，能隨宣說諸染淨義，依持建立。云何爲文？謂即彼二所依止字。云何於彼各別了知？謂由各別所緣作意。云何於彼總合了知？謂由總合所緣作意。如是一切總略爲一，名爲知法。如是名爲菩薩知法。善男子！彼諸菩薩，由十種相了知於義：一者知盡所有性，二者知如所有性，三者知能取義，四者知所取義，五者知建立義，六者知受用義，七者知顛倒義，八者知無倒義，九者知雜染義，十者知淸淨義。善男子！盡所有性者：謂諸雜染淸淨法中，所有一切品別邊際，是名此中盡所有性。如五數蘊、六數內處、六數外處，如是一切。如所有性者：謂卽一切染淨法中所有眞如，是名此中如所有性。此復七種：一者流轉眞如，謂一切行無先後性。二者相眞如，謂一切法補特伽羅無我性，及法無我性。三者了別眞如，謂一切行惟是識性。四者安立眞如，謂我所說諸苦聖諦。五者邪行眞如，謂我所說諸集聖諦。六者淸淨眞如，謂我所說諸滅聖諦。七者正行眞如，謂我所說諸道聖諦。當知此中：由流轉眞如、安立眞如、邪行眞如故，一切有情平等平等。由相眞如、了別眞如故，一切諸法平等平等。由淸淨眞如故，一切聲聞菩提、獨覺菩提、阿耨多羅三藐三菩提，平等平等。由正行眞如故，聽聞正法，緣總境界、勝奢摩他、毗鉢舍那所攝受慧，平等平等。能取義者：謂內五色處、若心、意、識、及諸心法。所取義者：謂外六處。又能取義，亦所取義。建立義者：謂器世界，於中可得建立一切諸有情界。謂一村田，若百村田，若千村田，或百千村田。或一大地至海邊際，此百、此千，若此百千。或一贍部洲，此百、此千，若此百千。或一四大洲，此百、此千，若此百千。或一小千世界，此百、此千，若此百千。或一中千世界，此百、此千，若此百千。或一三千大千世界，此百、此千，若此百千。或此拘胝，此百拘胝、此千拘胝、此百千拘胝。或此無數，此百無數、此千無數、此百千無數。或三千大千世界無數、百千微塵量等。於十方面無量無數諸器世界。受用義者：謂我所說諸有情類為受用故，攝受資具。顛倒義者：謂即於彼能取等義，無常計常，想倒、心倒、見倒。苦計為樂，不淨計淨，無我計我，想倒、心倒、見倒。無倒義者：與上相違。能對治彼，應知其相。雜染義者：謂三界中三種雜染，一者煩惱雜染；二者業雜染；三者生雜染。清淨義者：謂即如是三種雜染，所謂離繫菩提分法。善男子！如是十種，當知普攝一切諸義。復次、善男子！彼諸菩薩，由能了知五種義故，名爲知義。何等五義？一者徧知事，二者徧知義，三者徧知因，四者得徧知果，五者於此覺了。善男子！此中徧知事者：當知即是一切所知，謂或諸蘊；或諸內處；或諸外處；如是一切。徧知義者：乃至所有品類差別，所應知境，謂世俗故，或勝義故；或功德故，或過失故；緣故，世故；或生、或住、或壞相故；或如病等故；或苦集等故；或眞如、實際、法界等故；或廣略故；或一向記故，或分別記故，或反問記故，或置記故；或隱密故，或顯了故；如是等類，當知一切名徧知義。徧知因者：當知即是能取前二菩提分法，所謂念住，或正斷等。得徧知果者：謂貪、恚、癡永斷毗奈耶，及貪、恚、癡一切永斷諸沙門果；及我所說聲聞、如來，若共不共、世出世間所有功德；於彼作證。於此覺了者：謂即於此作證法中，諸解脫智廣爲他說、宣揚、開示。善男子！如是五義，當知普攝一切諸義，復次，善男子！彼諸菩薩由能了知四種義故，名爲知義。何等四義？一者心執受義，二者領納義，三者了別義，四者雜染淸淨義。善男子！如是四義，當知普攝一切諸義。復次、善男子！彼諸菩薩，由能了知三種義故，名爲知義。何等三義？一者文義，二者義義，三者界義。善男子！言文義者，謂名身等。義義當知，復有十種：一者眞實相，二者徧知相，三者永斷相，四者作證相，五者修習相，六者即彼眞實相等品類差別相，七者所依能依相屬相，八者即徧知等障礙法相，九者即彼隨順法相，十者不徧知等及徧知等過患功德相。言界義者，謂五種界：一者器世界，二者有情界，三者法界，四者所調伏界，五者調伏方便界。善男子！如是五義，當知普攝一切義。慈氏菩薩復白佛言：世尊！若聞所成慧，了知其義；若思所成慧，了知其義；若奢摩他、毗鉢舍那、修所成慧，了知其義：此何差別？佛告慈氏菩薩曰：善男子！聞所成慧，依止於文，但如其說，未善意趣，未現在前，隨順解脫，未能領受成解脫義。思所成慧，亦依於文，不惟如說，能善意趣，未現在前，轉順解脫，未能領受成解脫義。若諸菩薩修所成慧，亦依於文，亦不依文，亦如其說，亦不如說，能善意趣，所知事同分三摩地所行影像現前，極順解脫，已能領受成解脫義。善男子！是名三種知義差別。慈氏菩薩復白佛言：世尊！修奢摩他、毗鉢舍那諸菩薩衆，知法知義，云何爲智？云何爲見？佛告慈氏菩薩曰：善男子！我無量門宣說智、見二種差別，今當爲汝略說其相：若緣總法修奢摩他、毗鉢舍那所有妙慧，是名爲智；若緣別法修奢摩他、毗鉢舍那所有妙慧，是名爲見。慈氏菩薩復白佛言：世尊！修奢摩他毗鉢舍那諸菩薩衆，由何作意？何等？云何除遣諸相？佛告慈氏菩薩曰：善男子！由眞如作意；除遣法相、及與義相；若於其名、及名自性無所得時，亦不觀彼所依之相，如是除遣。如於其名、於句、於文、於一切義，當知亦爾。乃至於界、及界自性無所得時，亦不觀彼所依之相，如是除遣。世尊！諸所了知眞如義相，此眞如相亦可遣不？善男子！於所了知眞如義中，都無有相，亦無所得，當何所遣？善男子！我說了知眞如義時，能伏一切法義之相，非此了達餘所能伏。世尊！如世尊說：濁水器喩，不淨鏡喩，撓泉池喩，不任觀察自面影相；若堪任者，與上相違。如是若有不善修心，則不堪任如實觀察所有眞如；若善修心，堪任觀察。此說何等能觀察心？依何眞如而作是說？善男子！此說三種能觀察心：謂聞所成、能觀察心，若思所成、能觀察心，若修所成、能觀察心。依了別眞如、作如是說。世尊！如是了知法義菩薩爲遣諸相、勤修如行，有幾種相、難可除遣？誰能除遣？善男子！有十種相，空能除遣。何等爲十？一者了知法義故，有種種文字相；此由一切法空能正除遣。二者了知安立眞如義故，有生、滅、住、異性，相續隨轉相；此由相空及無先後空能正除遣。三者了知能取義故，有顧戀身相，及我慢相；此由內空及無所得空能正除遣。四者了知所取義故，有顧戀財相；此由外空能正除遣。五者了知受用義，男女承事資具相應故，有內安樂相，外淨妙相；此由內外空及本性空能正除遣。六者了知建立義故，有無量相；此由大空，能正除遣。七者了知無色故，有內寂靜解脫相；此由有爲空，能正除遣。八者了知相眞如義故，有補特伽羅無我相，法無我相，若惟識相，及勝義相；此由畢竟空，無性空，無性自性空，及勝義空能正除遣。九者由了知淸淨眞如義故，有無爲相，無變異相；此由無爲空，無變異空，能正除遣。十者即於彼相對治空性，作意思惟故，有空性相；此由空空，能正除遣。世尊！除遣如是十種相時，除遣何等？從何等相而得解脫？善男子！除遣三摩地所行影像相；從雜染縛相而得解脫，彼亦除遣。善男子！當知就勝說如是空治如是相，非不一一治一切相。譬如無明，非不能生、乃至老死諸雜染法。就勝但說能生於行，由是諸行親近緣故。此中道理，當知亦爾。爾時、慈氏菩薩復白佛言：世尊！此中何等空是總空性相？若諸菩薩了知是已，無有失壞，於空性相，離增上慢？爾時、世尊歎慈氏菩薩曰：善哉！善哉！善男子！汝今乃能請問如來如是深義，令諸菩薩於空性相、無有失壞！何以故？善男子！若諸菩薩於空性相、有失壞者，便爲失壞一切大乘。是故汝應諦聽！諦聽！當爲汝說總空性相。善男子！若於依他起相、及圓成實相中，一切品類雜染清淨徧計所執相，畢竟遠離性、及於此中都無所得，如是名爲於大乘中總空性相。慈氏菩薩復白佛言：世尊！此奢摩他，毗鉢舍那，能攝幾種勝三摩地？佛告慈氏菩薩曰：善男子！如我所說無量聲聞、菩薩、如來，有無量種勝三摩地，當知一切皆此所攝。世尊！此奢摩他，毗鉢舍那，以何爲因？善男子！清淨尸羅，清淨聞思所成正見，以爲其因。世尊！此奢摩他，毗鉢舍那，以何爲果？善男子！善清淨心善清淨慧，以爲其果。復次、善男子！一切聲聞及如來等，所有世間及出世間，一切善法，當知皆是此奢摩他毗鉢舍那所得之果。世尊！此奢摩他，毗鉢舍那，能作何業？善男子！此能解脫二縛爲業：所謂相縛，及麤重縛。世尊！如佛所說五種繫中：幾是奢摩他障？幾是毗鉢舍那障？幾是俱障？善男子！顧戀身財，是奢摩他障；於諸聖教不得隨欲，是毗鉢舍那障；樂相雜住，於少喜足，當知俱障。由第一故，不能造修；由第二故，所修加行，不到究竟。世尊！於五蓋中：幾是奢摩他障？幾是毗鉢舍那障？幾是俱障？善男子！掉舉、惡作、是奢摩他障；惛沈、睡眠、疑，是毗鉢舍那障；貪欲、瞋恚當知俱障。世尊！齊何名得奢摩他道圓滿清淨？善男子！乃至所有惛沈、睡眠、正善除遣，齊是名得奢摩他道圓滿清淨。世尊！齊何名得毗鉢舍那道圓滿清淨？善男子！乃至所有掉舉、惡作、正善除遣，齊是名得毗鉢舍那道圓滿清淨。世尊！若諸菩薩於奢摩他、毗鉢舍那、現在前時，應知幾種心散動法？善男子！應知五種：一者作意散動，二者外心散動，三者內心散動，四者相散動，五者麤重散動。善男子！若諸菩薩捨於大乘相應作意，墮在聲聞、獨覺相應諸作意中，當知是名作意散動。若於其外五種妙欲諸雜亂相，所有尋思隨煩惱中及於其外所緣境中，縱心流散，當知是名外心散動。若由惛沈及以睡眠，或由沈沒，或由愛味三摩鉢底，或由隨一三摩鉢底諸隨煩惱之所染汙，當知是名內心散動。

若依外相，於內等持所行諸相，作意思惟，名相散動。若內作意爲緣，生起所有諸受，由麤重身計我起慢，當知是名麤重散動。世尊！此奢摩他毗鉢舍那，從初菩薩地乃至如來地，能對治何障？善男子！此奢摩他、毗鉢舍那：於初地中，對治惡趣煩惱業生雜染障。第二地中，對治微細誤犯現行障。第三地中對治欲貪障。第四地中，對治定愛及法愛障。第五地中，對治生死涅槃一向背趣障。第六地中，對治相多現行障。第七地中，對治細相現行障。第八地中，對治於無相作功用，及於有相不得自在障。第九地中，對治於一切種善巧言辭不得自在障。第十地中，對治不得圓滿法身證得障。善男子！此奢摩他，毗鉢舍那，於如來地，對治極微細、最極微細煩惱障，及所知障。由能永害如是障故，究竟證得無著無礙一切智見，依於所作成滿所緣，建立最極淸淨法身。慈氏菩薩復白佛言：世尊！云何菩薩依奢摩他，毗鉢舍那，勤修行故，證得阿耨多羅三藐三菩提？佛告慈氏菩薩曰：善男子！若諸菩薩已得奢摩他，毗鉢舍那，依七眞如，於如所聞所思法中，由勝定心，於善審定，於善思量，於善安立眞如性中內正思惟。彼於眞如正思惟故，心於一切細相現行，尙能棄捨，何況麤相？善男子！言細相者：謂心所執受相，或領納相，或了別相，或雜染淸淨相，或內相，或外相，或內外相，或謂我當修行一切利有情相，或正智相，或眞如相，或苦、集、滅、道相，或有爲相，或無爲相，或有常相，或無常相，或苦有變異性相，或苦無變異性相，或有爲異相相，或有爲同相相，或知一切是一切已、有一切相，或補特伽羅無我相，或法無我相。於彼現行，心能棄捨。彼既多住如是行故，於時時間從其一切繫蓋散動，善修治心。從是已後，於七眞如，有七各別自內所證，通達智生，名爲見道。由得此故，名入菩薩正性離生，生如來家，證得初地，又能受用此地勝德。彼於先時，由得奢摩他，毗鉢舍那故，已得二種所緣：謂有分別影像所緣，及無分別影像所緣。彼於今時得見道故，更證得事邊際所緣。復於後後一切地中，進修修道，即於如是三種所緣，作意思惟。譬如有人，以其細楔出於麤楔，如是菩薩依此以楔出楔方便，遣內相故，一切隨順雜染分相，皆悉除遣。相除遣故，麤重亦遣。永害一切相麤重故，漸次於彼後後地中，如鍊金法陶鍊其心。乃至證得阿耨多羅三藐三菩提，又得所作成滿所緣。善男子！如是菩薩，於內止觀正修行故，證得阿耨多羅三藐三菩提。慈氏菩薩復白佛言：世尊！云何修行，引發菩薩廣大威德？善男子！若諸菩薩善知六處，便能引發菩薩所有廣大威德：一者善知心生，二者善知心住，三者善知心出，四者善知心增，五者善知心減，六者善知方便。云何善知心生？謂如實知十六行心生起差別，是名善知心生十六行心生起差別者：一者不可覺知堅住器識生，謂阿陀那識。二者種種行相所緣識生，謂頓取一切色等境界分別意識、及頓取內外境界覺受，或頓於一念瞬息、須臾現入多定，見多佛土，見多如來分別意識。三者小相所緣識生，謂欲界繫識。四者大相所緣識生，謂色界繫識。五者無量相所緣識、生謂空識、無邊處繫識。六者微細相所緣識生，謂無所有處繫識。七者邊際相所緣識生，謂非想非非想處繫識。八者無相識生，謂出世識、及緣滅識。九者苦俱行識生，謂地獄識。十者雜受俱行識生，謂欲行識。十一喜俱行識生，謂初二靜慮識。十二樂俱行識生，謂第三靜慮識。十三不苦不樂俱行識生，謂從第四靜慮乃至非想非非想處識。十四染汙俱行識生，謂諸煩惱及隨煩惱相應識。十五善俱行識生，謂信等相應識。十六無記俱行識生，謂彼俱不相應識。云何善知心住？謂如實知了別眞如。云何善知心出？謂如實知出二種縛：所謂相縛，及麤重縛。此能善知，應令其心從如是出。云何善知心增？謂如實知能治相縛、麤重縛心，彼增長時，彼積集時，亦得增長，亦得積集，名善知增。云何善知心減？謂如實知彼所對治相、及麤重所雜染心，彼衰退時，彼損減時，此亦衰退，此亦損減，名善知減。云何善知方便？謂如實知解脫、勝處及與徧處，或修或遣。善男子！如是菩薩，於諸菩薩廣大威德，或已引發，或當引發，或現引發。慈氏菩薩復白佛言：世尊！如世尊說：於無餘依涅槃界中，一切諸受無餘永滅。何等諸受於此永滅？善男子！以要言之，有二種受無餘永滅。何等爲二？一者所依麤重受，二者彼果境界受。所依麤重受，當知有四種：一者有色所依受，二者無色所依受，三者果已成滿麤重受，四者果未成滿麤重受。果已成滿受者，謂現作受。果未成滿受者，謂未來因受。彼果境界受，亦有四種：一者依持受，二者資具受，三者受用受，四者顧戀受。於有餘依涅槃界中，果未成滿受，一切已滅。領彼對治明觸生受，領受共有。或復彼果已成滿受。又二種受，一切已滅，惟現領受明觸生受。於無餘依涅槃界中般涅槃時，此亦永滅。是故說言、於無餘依涅槃界中，一切諸受無餘永滅。爾時、世尊說是語已，復告慈氏菩薩曰：善哉！善哉！善男子！汝今善能依止圓滿最極清淨妙瑜伽道，請問如來。汝於瑜伽已得決定，最極善巧。吾已爲汝宣說圓滿最極清淨妙瑜伽道，所有一切過去、未來正等覺者已說、當說，皆亦如是。諸善男子若善女人，皆應依此勇猛精進，當正修學！爾時、世尊欲重宣此義而說頌曰：

於法假立瑜伽中、　若行放逸失大義；
依止此法及瑜伽，　若正修行得大覺。

見有所得求免難。若謂此見為得法，
慈氏彼去伽瑜遠，譬如大地與虛空。
利生堅固而不作，悟已勤修利有情，
智者作此窮劫量，便得最上離染喜。
若人為欲而說法，彼名捨欲還取欲，
愚癡得法無價寶，反更遊行而乞丐。
於諍諠雜戲論著，應捨發起上精進。
為度諸天及世間，於此瑜伽汝當學！

爾時慈氏菩薩復白佛言：世尊！於是解深密法門中，當何名此教？我當云何奉持？佛告慈氏菩薩曰：善男子！此名瑜伽了義之教，於此瑜伽了義之教，汝當奉持！說此瑜伽了義教時，於大會中，有六百千衆生，發阿耨多羅三藐三菩提心；三百千聲聞，遠塵離垢，於諸法中，得法眼淨；一百五十千聲聞，諸漏永盡，心得解脫；七十五千菩薩，獲得廣大瑜伽作意。

解深密經卷第三

音釋

瑩 縈定切，正作鎣，磨鎣也。 青瘀 瘀，依倨切。青瘀，謂血積瘀而色青也。 積 正作積，子智切，積也。聚也。 撓 而沼切，攪也。 楔 先結切，木楔也。

解深密經卷第四

唐三藏法師玄奘奉　詔譯

地波羅密多品第七

爾時，觀自在菩薩白佛言：世尊！如佛所說菩薩十地，所謂極喜地、離垢地、發光地、焰慧地、極難勝地、現前地、遠行地、不動地、善慧地、法雲地；復說佛地爲第十一。如是諸地，幾種清淨？幾分所攝？爾時、世尊告觀自在菩薩曰：善男子！當知諸地四種清淨，十一分攝。云何名爲四種清淨能攝諸地？謂增上意樂清淨，攝於初地；增上戒清淨，攝第二地；增上心清淨，攝第三地；增上慧清淨，於後後地轉勝妙故，當知能攝從第四地，乃至佛地。善男子！當知如是四種清淨普攝諸地。云何名爲十一種分能攝諸地？謂諸菩薩、先於勝解行地，依十法行，極善修習勝解忍故，超過彼地，證入菩薩正性離生，彼諸菩薩由是因緣，此分圓滿；而未能於微細毀犯誤現行中、正知而行，由是因緣，於此分中猶未圓滿。爲令此分得圓滿故，精勤修習便能證得；彼諸菩薩由是因緣，此分圓滿；而未能得世間圓滿等持、等至及圓滿聞持陀羅尼，由是因緣，於此分中猶未圓滿。爲令此分得圓滿故，精勤修習，便能證得，彼諸菩薩由是因緣，此分圓滿；而未能令隨所獲得菩提分法，多修習住，心未能捨諸等至愛、及與法愛，由是因緣，於此分中猶未圓滿。爲令此分得圓滿故，精勤修習，便能證得；彼諸菩薩由是因緣，此分圓滿；而未能於諸諦道理、如實觀察，又未能於生死涅槃棄捨一向背趣作意，又未能修方便所攝菩提分法，由是因緣，於此分中猶未圓滿。爲令此分得圓滿故，精勤修習，便能證得；彼諸菩薩由是因緣，此分圓滿；而未能於生死流轉、如實觀察，又由於彼多生厭故，未能多住無相作意，由是因緣，於此分中猶未圓滿。爲令此分得圓滿故，精勤修習，便能證得；彼諸菩薩由是因緣，此分圓滿；而未能令無相作意無缺、無間、多修習住，由是因緣，於此分中猶未圓滿。爲令此分得圓滿故，精勤修習，便能證得；彼諸菩薩由是因緣，此分圓滿；而未能於無相住中捨離功用，又未能得於相自在，由是因緣，於此分中猶未圓滿。爲令此分得圓滿故，精勤修習，便能證得，彼諸菩薩由是因緣此分圓滿；而未能於異名衆相訓辭差別、一切品類宣說法中得大自在，由是因緣於此分中猶未圓滿。爲令此分得圓滿故，精勤修習便能證得，彼諸菩薩由是因緣此分圓滿；而未能得圓滿法身、現前證受，由是因緣於此分中猶未圓滿。爲令此分得圓滿故，精勤修習，便能證得，彼諸菩薩由是因緣此分圓滿；而未能得徧於一切所知境界無著、無礙、妙智、妙見，由是因緣於此分中猶未圓滿。爲令此分得圓滿故，精勤修習，便能證得，由是因緣，此分圓滿，此分滿故，於一切分皆得圓滿。善男子！當知如是十一種分，普攝諸地。觀自在菩薩復白佛言：世尊！何緣最初名極喜地？乃至何緣說名佛地？佛告觀自在菩薩曰：善男子！成就大義，得未曾得出世間心，生大歡喜，是故最初名極喜地。遠離一切微細犯戒，是故第二名離垢地。由彼所得三摩地，及聞持陀羅尼，能爲無量智光依止，是故第三名發光地。由彼所得菩提分法，燒諸煩惱，智如火燄，是故第四名燄慧地。由即於彼菩提分法，方便修習最極艱難，方得自在，是故第五名極難勝地。現前觀察諸行流轉，又於無相多修作意，方現在前，是故第六名現前地。能遠證入無缺無間無相作意，與淸淨地共相鄰接，是故第七名遠行地。由於無相得無功用，於諸相中不爲現行煩惱所動，是故第八名不動地。於一切種說法自在，獲得無礙廣大智慧，是故第九名善慧地。麤重之身廣如虛空，法身圓滿，譬如大雲皆能徧覆，是故第十名法雲地。永斷最極微細煩惱及所知障，無著無礙，於一切種所知境界現正等覺，故第十一說名佛地。觀自在菩薩復白佛言：於此諸地有幾愚癡，有幾麤重爲所對治？佛告觀自在菩薩曰：善男子！此諸地中有二十二種愚癡、十一種麤重爲所對治。謂於初地有二愚癡：一者執著補特伽

羅、及法愚癡，二者惡趣雜染愚癡；及彼麤重爲所對治。於第二地、有二愚
癡：一者微細誤犯愚癡，二者種種業趣愚癡；及彼麤重爲所對治。於第三
地、有二愚癡：一者欲貪愚癡，二者圓滿聞持陀羅尼愚癡；及彼麤重爲所
對治。於第四地、有二愚癡：一者等至愛愚癡，二者法愛愚癡；及彼麤重爲
所對治。於第五地、有二愚癡：一者一向作意棄背生死愚癡，二者一向作
意趣向涅槃愚癡；及彼麤重爲所對治。於第六地、有二愚癡：一者現前觀
察諸行流轉愚癡，二者相多現行愚癡；及彼麤重爲所對治。於第七地、有
二愚癡：一者微細相現行愚癡，二者一向無相作意方便愚癡；及彼麤重
爲所對治。於第八地、有二愚癡：一者於無相作功用愚癡，二者於相自在
愚癡；及彼麤重爲所對治。於第九地、有二愚癡：一者於無量說法、無量法
句文字、後後慧辯陀羅尼自在愚癡，二者辯才自在愚癡；及彼麤重爲所

對治。於第十地、有二愚癡：一者大神通愚癡，二者悟入微細秘密愚癡；及彼麤重為所對治。於如來地、有二愚癡：一者於一切所知境界、極微細著愚癡，二者極微細礙愚癡；及彼麤重為所對治。善男子！由此二十二種愚癡、及十一種麤重故，安立諸地。而阿耨多羅三藐三菩提、離彼繫縛。觀自在菩薩復白佛言：世尊！阿耨多羅三藐三菩提、甚奇希有，乃至成就大利大果。令諸菩薩能破如是大愚癡羅網，能越如是大麤重稠林，現前證得阿耨多羅三藐三菩提。觀自在菩薩復白佛言：世尊！如是諸地幾種殊勝之所安立？佛告觀自在菩薩曰：善男子！略有八種：一者增上意樂清淨，二者心清淨，三者悲清淨，四者至彼岸清淨，五者見佛供養承事清淨，六者成熟有情清淨，七者生清淨，八者威德清淨。善男子！於初地中所有增上意樂清淨，乃至威德清淨；後後諸地、乃至佛地所有增上意樂清淨，乃至威德淸淨；當知彼諸淸淨展轉增勝，惟於佛地除生淸淨。又初地中所有功德，於上諸地平等皆有，當知自地功德殊勝。一切菩薩十地功德皆是有上，佛地功德當知無上。觀自在菩薩復白佛言：世尊！何因緣故說菩薩生，於諸有生最爲殊勝？佛告觀自在菩薩曰：善男子！四因緣故：一者極淨善根所集起故，二者故意思擇力所取故，三者悲愍濟度諸衆生故，四者自能無染除他染故。觀自在菩薩復白佛言：世尊！何因緣故說諸菩薩行廣大願、妙願、勝願？佛告觀自在菩薩曰：善男子！四因緣故：謂諸菩薩，能善了知涅槃樂住，堪能速證；而復棄捨速證樂住；無緣無待發大願心；爲欲利益諸有情故，處多種種長時大苦；是故我說彼諸菩薩行廣大願、妙願、勝願。觀自在菩薩復白佛言：世尊！是諸菩薩，凡有幾種所應學事？佛告觀自在菩薩曰：善男子！菩薩學事，略有六種：所謂布施、持戒、忍辱、精進、靜慮、智慧到彼岸。觀自在菩薩復白佛言：世尊！如是六種所應學事，幾是增上戒學所攝？幾是增上心學所攝？幾是增上慧學所攝？佛告觀自在菩薩曰：善男子！當知初三但是增上戒學所攝，靜慮一種，但是增上心學所攝；慧是增上慧學所攝；我說精進徧於一切。觀自在菩薩復白佛言：世尊！如是六種所應學事，幾是福德資糧所攝？幾是智慧資糧所攝？佛告觀自在菩薩曰：善男子！若增上戒學所攝者，是名福德資糧所攝；若增上慧學所攝者，是名智慧資糧所攝；我說精進靜慮二種，徧於一切。觀自在菩薩復白佛言：世尊！於此六種所學事中，菩薩云何應當修學？佛告觀自在菩薩曰：善男子！由五種相，應當修學：一者最初於菩薩藏波羅密多，相應微妙正法教中，猛利信解。二者次於十種法行，以聞、思、修所成妙智精進修行。三者隨護菩提之心。四者親近眞善知識。五者無間勤修善品。觀自在菩薩復白佛言：世尊！何因緣故，施設如是所應學事，但有六數？佛告觀自在菩薩曰：善男子！二因緣故：一者饒益諸有情故，二者對治諸煩惱故。當知前三饒益有情，後三對治一切煩惱。前三饒益諸有情者：謂諸菩薩由布施故，攝受資具、饒益有情；由持戒故，不行損害逼迫惱亂、饒益有情；由忍辱故，於彼損害逼迫惱亂、堪能忍受饒益有情。後三對治諸煩惱者：謂諸菩薩由精進故，雖未永伏一切煩惱，亦未永害一切隨眠，而能勇猛修諸善品，彼諸煩惱不能傾動善品加行；由靜慮故，永伏煩惱；由般若故，永害隨眠。觀自在菩薩復白佛言：世尊！何因緣故，施設所餘波羅密多，但有四數？佛告觀自在菩薩曰：善男子！與前六種波羅密多爲助伴故。謂諸菩薩，於前三種波羅密多所攝有情，以諸攝事方便善巧而攝受之，安置善品，是故我說方便善巧波羅密多、與前三種而爲助伴。若諸菩薩，於現法中煩惱多故，於修無間無有堪能、羸劣意樂故，下界勝解故，於內心住無有堪能，於菩薩藏不能聞緣善修習故，所有靜慮，不能引發出世間慧。彼便攝受少分狹劣福德資糧，爲未來世煩惱輕微，心生正願，如是名願波羅密多。由此願故，煩惱微薄，能修精進，是故我說願波羅密多與精進波羅密多而爲助伴。若諸菩薩，親近善士，聽聞正法，如理作意爲因緣故，轉劣意樂、成勝意樂，亦能獲得上界勝解，如是名力波羅密多。由此力故，於內心住有所堪能，是故我說力波羅密多、與靜慮波羅密多而爲助伴。若諸菩薩，於菩薩藏已能聞緣善修習故，能發靜慮，如是名智波羅密多。由此智故，堪能引發出世間慧，是故我說智波羅密多、與慧波羅密多而爲助伴。觀自在菩薩復白佛言：世尊！何因緣故宣說六種波羅密多如是次第？佛告觀自在菩薩曰：善男子！能爲後後引發依故。謂諸菩薩，若於身財無所顧悋，便能受持清淨禁戒，爲護禁戒，便修忍辱，修忍辱已，能發精進，發精進已，能辦靜慮，具靜慮已，便能獲得出世間慧。是故我說波羅密多如是次第。觀自在菩薩復白佛言：世尊！如是六種波羅密多，各有幾種品類差別？佛告觀自在菩薩曰：善男子！各有三種。施三種者：一者法施，二者財施，三者無畏施。戒三種者：一者轉捨不善戒，二者轉生善戒，三者轉生饒益有情戒。忍三種者：一者耐怨害忍，二者安受苦忍，三者諦察法忍。精進三種者：一者被甲精進，二者轉生善法加行精進，三者饒益有情加行精進。靜慮三種者：一者無分別寂靜極寂靜無罪故對治煩惱衆苦樂住靜慮，二者引發功德靜慮，三者引發饒益有情靜慮。慧三種者：一者緣世俗諦慧，二者緣勝義諦慧，三者緣饒益有情慧。觀自在菩薩復白佛言：世尊！何因緣故，波羅密多說名波羅密多？佛告觀自在菩薩曰：善男子！五因緣故：

一者無染著故，二者無顧戀故，三者無罪過故，四者無分別故，五者正迴向故。無染著者，謂不染著波羅蜜多諸相違事。無顧戀者，謂於一切波羅密多諸果異熟，及報恩中心無繫縛。無罪過者，謂於如是波羅蜜多無間雜染法，離非方便行。無分別者，謂於如是波羅蜜多，不如言詞執著自相。正迴向者，謂以如是所作所集波羅蜜多，迴求無上大菩提果。世尊！何等名爲波羅蜜多諸相違事？善男子！當知此事略有六種：一者於喜樂欲財富自在諸欲樂中，深見功德及與勝利。二者於隨所樂縱身、語、意而現行中，深見功德及與勝利。三者於他輕懱不堪忍中，深見功德及與勝利。四者於不勤修著欲樂中，深見功德及與勝利。五者於處憒閙世雜亂行，深見功德及與勝利。六者於見、聞、覺、知、言說戲論，深見功德及與勝利。世尊！如是一切波羅蜜多、何果異熟？善男子！當知此亦略有六種：一者得大財富，二者往生善趣，三者無怨無壞、多諸喜樂，四者爲衆生主，五者身無惱害，六者有大宗葉。世尊！何等名爲波羅密多間雜染法？善男子！當知略由四種加行：一者無悲加行故，二者不如理加行故，三者不常加行故，四者不殷重加行故。不如理加行者，謂修行餘波羅密多時，於餘波羅密多、遠離失壞。世尊！何等名爲非方便行？善男子！若諸菩薩、以波羅密多饒益衆生時，但攝財物饒益衆生、便爲喜足，而不令其出不善處安置善處，如是名爲非方便行。何以故？善男子！非於衆生惟作此事，名實饒益。譬如糞穢，若多若少終無有能令成香潔。如是衆生由行苦故，其性是苦，無有方便，但以財物繫相饒益，可令成樂，惟有安處妙善法中，方可得名第一饒益。觀自在菩薩復白佛言：世尊！如是一切波羅密多、有幾清淨？佛告觀自在菩薩曰：善男子！我終不說波羅密多，除上五相有餘清淨。然我即依如是諸事總別，當說波羅密多淸淨之相。總說一切波羅密多淸淨相者，當知七種。何等爲七？一者菩薩於此諸法，不求他知；二者於此諸法、見已不生執著；三者即於如是諸法不生疑惑，謂爲能得大菩提不？四者終不自讚毀他，有所輕懱；五者終不憍傲放逸；六者終不少有所得，便生喜足；七者終不由此諸法，於他發起嫉妬慳恪。別說一切波羅密多淸淨相者，亦有七種。何等爲七？謂諸菩薩，如我所說七種布施淸淨之相，隨順修行。一者由施物淸淨行淸淨施；二者、由戒淸淨行淸淨施；三者、由見淸淨行淸淨施；四者、由心淸淨行淸淨施；五者、由語淸淨行淸淨施；六者、由智淸淨行淸淨施；七者、由垢淸淨行淸淨施。是名七種施淸淨相。又諸菩薩，能善了知制立律儀一切學處；能善了知出離所犯；具常尸羅；堅固尸羅；常作尸羅；常轉尸羅；受學一切所有學處。是名七種戒淸淨相。若諸菩薩，於自所有業果異熟深生依信，一切所有不饒益事現在前時，不生憤發；亦不反罵、不瞋、不打、不恐、不弄、不以種種不饒益事反相加害；不懷怨結；若諫誨時，不令恚惱；亦復不待他來諫誨；不由恐怖有染愛心而行忍辱；不以作恩而便放捨。是名七種忍清淨相。若諸菩薩，通達精進平等之性；不由勇猛勤精進故，自舉凌他；具大勢力；具大精進；有所堪能；堅固勇猛；於諸善法、終不捨軛。如是名爲七種精進清淨之相。若諸菩薩，有善通達相三摩地靜慮；有圓滿三摩地靜慮；有俱分三摩地靜慮；有運轉三摩地靜慮；有無所依三摩地靜慮；有善修治三摩地靜慮；有於菩薩藏、聞緣修習無量三摩地靜慮。如是名爲七種靜慮清淨之相。若諸菩薩，遠離增益、損減二邊、行於中道，是名爲慧；由此慧故，如實了知解脫門義，謂空、無願、無相三解脫門；如實了知有自性義，謂偏計所執，若依他起，若圓成實三種自性；

如實了知無自性義，謂相、生、勝義、三種無自性性；如實了知世俗諦義，謂於五明處；如實了知勝義諦義，謂於七眞如；又無分別離諸戲論，純一理趣多所住故，無量總法爲所緣故，又毗鉢舍那故，能善成辦法隨法行。是名七種慧淸淨相。觀自在菩薩復白佛言：世尊！如是五相、各有何業？佛告觀自在菩薩曰：善男子！當知彼相有五種業：謂諸菩薩無染著故，於現法中於所修習波羅密多，恒常殷重勤修加行，無有放逸。無顧戀故，攝受當來不放逸因。無罪過故，能正修習極善圓滿極善淸淨極善鮮白波羅密多。無分別故，方便善巧波羅密多，速得圓滿。正迴向故，一切生處波羅密多，及彼可愛諸果異熟，皆得無盡，乃至無上正等菩提。觀自在菩薩復白佛言：世尊！如是所說波羅密多，何者最廣大？何者無染汙？何者最明盛？何者不可動？何者最淸淨？佛告觀自在菩薩曰：善男子！無染著性、無顧戀性、正迴向性，最爲廣大。無罪過性，無分別性，無有染汙。思擇所作，最爲明盛。已入無退轉法地者，名不可動。若十地攝、佛地攝者，名最清淨。觀自在菩薩復白佛言：世尊！何因緣故，菩薩所得波羅蜜多、諸可愛果及諸異熟、常無有盡？波羅蜜多亦無有盡？佛告觀自在菩薩曰：善男子！展轉相依生起，修習無間斷故。觀自在菩薩復白佛言：世尊！何因緣故，是諸菩薩深信愛樂波羅蜜多，非於如是波羅蜜多、所得可愛諸果異熟？佛告觀自在菩薩曰：善男子！五因緣故：一者波羅蜜多、是最增上喜樂因故，二者波羅蜜多、是其究竟饒益一切自他因故，三者波羅蜜多、是當來世彼可愛果異熟因故，四者波羅蜜多、非諸雜染所依事故，五者波羅蜜多、非是畢竟變壞法故。觀自在菩薩復白佛言：世尊！一切波羅蜜多，各有幾種最勝威德？佛告觀自在菩薩曰：善男子！當知一切波羅蜜多，各有四種最勝威德：一者於此波羅密多正修行時，能捨慳悋、犯戒、心憒、懈怠、散亂、見趣所治。二者於此正修行時，能爲無上正等菩提、眞實資糧。三者於此正修行時，於現法中、能自攝受饒益有情。四者於此正修行時，於未來世、能得廣大無盡可愛諸果異熟。觀自在菩薩復白佛言：世尊！如是一切波羅密多，何因？何果？有何義利？佛告觀自在菩薩曰：善男子！如是一切波羅密多，大悲爲因；微妙可愛諸果異熟，饒益一切有情爲果；圓滿無上廣大菩提爲大義利。觀自在菩薩復白佛言：世尊！若諸菩薩，具足一切無盡財寶、成就大悲，何緣世間現有衆生、貧窮可得？佛告觀自在菩薩曰：善男子！是諸衆生、自業過失！若不爾者，菩薩常懷饒益他心，又常具足無盡財寶，若諸衆生無自惡業能爲障礙，何有世間貧窮可得？譬如餓鬼爲大熱渴逼迫其身，見大海水悉皆涸竭，非大海過，是諸餓鬼自業過耳。如是菩薩所施財寶，猶如大海無有過失，是諸衆生自業過耳，猶如餓鬼自惡業力，令無有水。觀自在菩薩復白佛言：世尊！菩薩以何等波羅密多，取一切法無自性性？佛告觀自在菩薩曰：善男子！以般若波羅密多，能取諸法無自性性。世尊！若般若波羅密多能取諸法無自性性，何故不取有自性性？善男子！我終不說以無自性性、取無自性性；然無自性性，離諸文字自內所證；不可捨於言說文字而能宣說。是故我說般若波羅密多、能取諸法無自性性。觀自在菩薩復白佛言：世尊！如佛所說波羅密多，近波羅密多，大波羅密多；云何波羅密多？云何近波羅密多？云何大波羅密多？佛告觀自在菩薩曰：善男子！若諸菩薩經無量時，修行施等，成就善法，而諸煩惱猶故現行，未能制伏，然爲彼伏，謂於勝解行地輭中勝解轉時，是名波羅密多。復於無量時、修行施等，漸復增上，成就善法，而諸煩惱猶故現行，然能制伏，非彼所伏，謂從初地已上，是名近波羅密多。復於無量時、修行施等，轉復增上，成就善法，一切煩惱皆不現行，謂從八地已上，是名大波羅密多。觀自在菩薩復白佛言：世尊！此諸地中煩惱隨眠，可有幾種？佛告觀自在菩薩曰：善男子！略有三種：一者害伴隨眠，謂於前五地。何以故？善男子！諸不俱生現行煩惱，是俱生煩惱現行助伴，彼於爾時，永無復有，是故說名害伴隨眠。二者羸劣隨眠，謂於第六、第七地中微細現行，若修所伏，不現行故。三者微細隨眠，謂於第八地已上，從此已去，一切煩惱不復現行，惟有所知障爲依止故。觀自在菩薩復白佛言：世尊！此諸隨眠，幾種麤重斷所顯示？佛告觀自在菩薩曰：善男子！但由二種，謂由在皮麤重斷故，顯彼初二；復由在膚麤重斷故，顯彼第三；若在於骨麤重斷者，我說永離一切隨眠，位在佛地。觀自在菩薩復白佛言：世尊！經幾不可數劫能斷如是麤重？佛告觀自在菩薩曰：善男子！經於三大不可數刧、或無量刧，所謂年、月、半月、晝夜、一時、半時、須臾、瞬息、刹那、量刧不可數故。觀自在菩薩復白佛言：世尊！是諸菩薩，於諸地中所生煩惱，當知何相？何失？何德？佛告觀自在菩薩曰：善男子！無染汙相。何以故？是諸菩薩於初地中定於一切諸法法界已善通達，由此因緣，菩薩要知方起煩惱，非爲不知，是故說名無染汙相。於自身中不能生苦，故無過失。菩薩生起如是煩惱，於有情界能斷苦因，是故彼有無量功德。觀自在菩薩復白佛言：甚希！世尊！無上菩提乃有如是大功德利。令諸菩薩生起煩惱，尚勝一切有情、聲聞、獨覺善根，何況其餘無量功德？觀自在菩薩復白佛言：世尊！如世尊說若聲聞乘、若復大乘，惟是一乘，此何密意？佛告觀自在菩薩曰：善男子！如我於彼聲聞乘中，宣說種種諸法自性，所謂五蘊、或內六處、或外六處，如是等類；於大乘中即說彼法同一法界，同一理趣，故我不說乘差別性。於中或有如言於義妄起分別，一類增益，一類損減。又於諸乘差別道理，謂互相違，如是展轉遞興諍論。如是名爲此中密意。爾時世尊欲重宣此義而說頌曰：

諸地攝想、所對治，　殊勝、生願及諸學，
由依佛說是大乘，　於此善修成大覺。
宣說諸法種種性，　復說皆同一理趣，
謂於下乘或上乘，　故我說乘無異性。
如言於義妄分別，　或有增益或損減，
謂此二種互相違，　愚癡意解成乖諍。

爾時、觀自在菩薩摩訶薩復白佛言：世尊！於是解深密法門中，此名何教？我當云何奉持？佛告觀自在菩薩曰：善男子！此名諸地波羅密多了義之教，於此諸地波羅蜜多了義之教，汝當奉持。說此諸地波羅蜜多了義教時，於大會中有七十五千菩薩，皆得菩薩大乘光明三摩地。

解深密經卷第四

音釋

輕懱 懱，莫結切。輕懱，謂輕易淩懱也。 **軛** 於革切。轅端橫木，駕馬領者。

解深密經卷第五

唐三藏法師玄奘奉　詔譯

如來成所作事品第八

爾時，曼殊室利菩薩摩訶薩白佛言：世尊！如佛所說如來法身，如來法身有何等相？佛告曼殊室利菩薩曰：善男子！若於諸地波羅蜜多，善修出離，轉依成滿，是名如來法身之相。當知此相，二因緣故不可思議：無戲論故，無所爲故，而諸衆生計著戲論有所爲故。世尊！聲聞、獨覺所得轉依名法身不？善男子！不名法身。世尊！當名何身？善男子！名解脫身。由解脫身故，說一切聲聞、獨覺與諸如來平等平等；由法身故，說有差別。如來法身有差別故，無量功德最勝差別算數譬喻所不能及。曼殊室利菩薩復白佛言：世尊！我當云何應知如來生起之相？佛告曼殊室利菩薩曰：善男子！一切如來化身作業，如世界起一切種類；如來功德衆所莊嚴，住持爲相。當知化身相有生起，法身之相無有生起。曼殊室利菩薩復白佛言：世尊！云何應知示現化身方便善巧？佛告曼殊室利菩薩曰：善男子！徧於一切三千大千佛國土中，或衆推許增上王家，或衆推許大福田家，同時入胎、誕生、長大受欲、出家、示行苦行、捨苦行已、成等正覺，次第示現。是名如來示現化身方便善巧。曼殊室利菩薩復白佛言：世尊！凡有幾種，一切如來身所住持言音差別？由此言音所化有情未成熟者令其成熟，已成熟者緣此爲境，速得解脫？佛告曼殊室利菩薩曰：善男子！如來言音略有三種：一者契經，二者調伏，三者本母。世尊！云何契經？云何調伏？云何本母？曼殊室利！若於是處，我依攝事顯示諸法，是名契經。謂依四事，或依九事，或復依於二十九事。云何四事？一者聽聞事，二者歸趣事，三者修學事，四者菩提事。云何九事？一者施設有情事，二者彼所受用事，三者彼生起事，四者彼生已住事，五者彼染淨事，六者彼差別事，七者能宣說事，八者所宣說事，九者諸衆會事。云何名爲二十九事？謂依雜染品有攝諸行事，彼次第隨轉事，即於是中作補特伽羅想已，於當來世流轉因事，作法想已，於當來世流轉因事。依淸淨品有繫念於所緣事，即於是中勤精進事，心安住事，現法樂住事，起一切苦緣方便事，彼徧知事。此復三種：顚倒徧知所依處故，依有情想外有情中，邪行徧知所依處故，內離增上慢徧知所依處故。修依處事，作證事，修習事，令彼堅固事，彼行相事，彼所緣事，已斷未斷觀察善巧事，彼散亂事，彼不散亂事，不散亂依處事，修習劬勞加行事，修習勝利事，彼堅牢事，攝聖行事，攝聖行眷屬事，通達眞實事，證得涅槃事，於善說法毗奈耶中，世間正見，超昇一切外道所得正見頂事，及即於此不修退事。於善說法毗奈耶中，不修習故，說名爲退，非見過失，故名爲退。曼殊室利！若於是處，我依聲聞及諸菩薩顯示別解脫，及別解脫相應之法，是名調伏。世尊！菩薩別解脫，幾相所攝？善男子：當知七相：一者宣說受軌則事故，二者宣說隨順他勝事故，三者宣說隨順毀犯事故，四者宣說有犯自性故，五者宣說無犯自性故，六者宣說出所犯故，七者宣說捨律儀故。

曼殊室利！若於是處，我以十一種相，決了分別顯示諸法，是名本母。何等名爲十一種相？一者世俗相，二者勝義相，三者菩提分法所緣相，四者行相，五者自性相，六者彼果相，七者彼領受開示相，八者彼障礙法相，九者彼隨順法相，十者彼過患相，十一者彼勝利相。世俗相者，當知三種：一者宣說補特伽羅故，二者宣說徧計所執自性故，三者宣說諸法作用事業故。勝義相者，當知宣說七種眞如故。菩提分法所緣相者，當知宣說徧一切種所知事故。行相者，當知宣說八行觀故。云何名爲八行觀耶？一者諦實故，二者安住故，三者過失故，四者功德故，五者理趣故，六者流轉故，七者道理故，八者總別故。諦實者，謂諸法眞如。安住者，謂或安立補特伽羅，或復安立諸法徧計所執自性，或復安立一向、分別、反問、置記，或復安立隱密、顯了、記別、差別。過失者，謂我宣說諸雜染法有無量門差別過患。功德者，謂我宣說諸淸淨法，有無量門差別勝利。理趣者，當知六種：一者眞義理趣，二者證得理趣，三者敎導理趣，四者遠離二邊理趣，五者不可思議理趣，六者意趣理趣。流轉者，所謂三世三有爲相，及四種緣。道理者，當知四種：一者觀待道理，二者作用道理，三者證成道理，四者法爾道理。觀待道理者，謂若因若緣，能生諸行，及起隨說，如是名爲觀待道理。作用道理者，謂若因若緣，能得諸法，或能成辦，或復生已作諸業用，如是名爲作用道理。證成道理者，謂若因若緣，能令所立、所說、所標，義得成立，令正覺悟，如是如名爲證成道理。又此道理略有二種：一者淸淨，二者不淸淨。由五種相，名爲淸淨；由七種相，名不淸淨。云何由五種相名爲淸淨？一者現見所得相，二者依止現見所得相，三者自類譬喻所引相，四者圓成實相，五者善淸淨言敎相。現見所得相者，謂一切行皆無常性，一切行皆是苦性，一切法皆無我性，此爲世間現量所得；如是等類，是名現見所得相。依止現見所得相者，謂一切行皆刹那性，他世有性，淨不淨業無失壞性，由彼能依麤無常性見可得故；由諸有情種種差別，依種種業現可得故；由諸有情若樂若苦淨不淨業以爲依止現可得故；由此因緣，於不現見可爲比度；如是等類，是名依止現見所得相。自類譬喻所引相者，謂於內外諸行聚中引諸世間共所了知，所得生死以爲譬喻；引諸世間共所了知，所得生等種種苦相以爲譬喻；引諸世間共所了知，所得不自在相以爲譬喻；又復於外引諸世間共所了知所得衰盛以爲譬喻；如是等類，當知是名自類譬喻所引相。圓成實相者，謂即如是現見所得相，若依止現見所得相，若自類譬喻所引相，於所成立決定能成，當知是名圓成實相。善清淨言敎相者，謂一切智者之所宣說，如言涅槃究竟寂靜，如是等類，當知是名善清淨言教相。善男子！是故由此五種相故，名善觀察清淨道理，由清淨故，應可修習。曼殊室利菩薩復白佛言：世尊！一切智者相，當知有幾種？佛告曼殊室利菩薩曰：善男子！略有五種：一者若有出現世間，一切智聲無不普聞，二者成就三十二種大丈夫相，三者具足十力能斷一切衆生一切疑惑，四者具足四無所畏宣說正法，不爲一切他論所伏，而能摧伏一切邪論，五者於善說法毗奈耶中，八支聖道、四沙門等、皆現可得。如是生故；斷疑網故；非他所伏、能伏他故；聖道、沙門現可得故，如是五種，當知名爲一切智相。善男子！如是證成道理，由現量故；由比量故；由聖教量故；由五種相，名爲清淨。云何七種相名不清淨？一者此餘同類可得相，二者此餘異類可得相，三者一切同類可得相，四者一切異類可得相，五者異類譬喩所得相，六者非圓成實相，七者非善清淨言教相。若一切法意識所識性，是名一切同類可得相。若一切法相性業法因果異相，由隨如是一一異相，決定展轉各各異相，是名一切異類可得相。善男子！若於此餘同類可得相，及譬喻中有一切異類相者，由此因緣，於所成立非決定故，是名非圓成實相。又於此餘異類可得相，及譬喻中有一切同類相者，由此因緣，於所成立不決定故，是名非圓成實相。非圓成實故，非善觀察清淨道理，不清淨故，不應修習。若異類譬喻所引相，若非善清淨言教相，當知體性皆不清淨。法爾道理者，謂如來出世，若不出世，法性安住，法住法界，是名法爾道理。總別者，謂先總說一句法已，後後諸句差別分別，究竟顯了。自性相者，謂我所說有行有緣，所有能取菩提分法；謂念住等，如是名為彼自性相。彼果相者，謂若世間若出世間，諸煩惱斷；及所引發世出世間諸果功德，如是名為得彼果相。彼領受開示相者，謂即於彼，以解脫智而領受之，及廣爲他宣說開示，如是名爲彼領受開示相。彼障礙法相者，謂即於修菩提分法，能隨障礙諸染汙法，是名彼障礙法相。彼隨順法相者，謂即於彼多所作法，是名彼隨順法相。彼過患相者，當知即彼諸障礙法所有過失，是名彼過患相。彼勝利相者，當知即彼諸隨順法所有功德，是名彼勝利相。曼殊室利菩薩白佛言：惟願世尊爲諸菩薩略說契經、調伏、本母，不共外道陀羅尼義，由此不共陀羅尼義，令諸菩薩得入如來所說諸法甚深密意。佛告曼殊室利菩薩曰：善男子！汝今諦聽！吾當爲汝略說不共陀羅尼義，令諸菩薩、於我所說密意言辭、能善悟入！善男子！若雜染法，若清淨法，我說一切皆無作用，亦都無有補特伽羅，以一切種離所爲故。非雜染法先染後淨，非清淨法後淨先染，凡夫異生，於麤重身，執著諸法，補特伽羅自性差別，隨眠妄見以爲緣故，計我我所；由此妄見，謂我見、我聞、我嗅、我嘗、我觸、我知、我食、我作、我染、我淨：如是等類，邪加行轉。若有如實知如是者，便能永斷麤重之身，獲得一切煩惱不住，最極清淨，離諸戲論，無爲依止，無有加行。善男子！當知是名略說不共陀羅尼義。爾時、世尊欲重宣此義，復說頌曰：

一切雜染清淨法，　皆無作用、數取趣。
由我宣說離所爲，　染汙清淨非先後。
於麤重身隨眠見，　爲緣計我及我所；
由此妄謂我見等，　我食、我爲、我染淨。
若如實知如是者，　乃能永斷麤重身，
得無染淨、無戲論，　無爲依止無加行。

爾時、曼殊室利菩薩摩訶薩復白佛言：世尊！云何應知諸如來心生起之相？佛告曼殊室利菩薩曰：善男子！夫如來者，非心意識生起所顯，然諸如來、有無加行心法生起，當知此事猶如變化。曼殊室利菩薩復白佛言：世尊！若諸如來法身遠離一切加行，既無加行，云何而有心法生起？佛告曼殊室利菩薩曰：善男子！先所修習方便般若加行力故，有心生起。善男子！譬如正入無心睡眠，非於覺悟而作加行，由先所作加行勢力，而復覺悟。又如正在滅盡定中，非於起定而作加行，由先所作加行勢力，還從定起。如從睡眠及滅盡定、心更生起，如是如來，由先修習方便般若加行力故，當知復有心法生起。曼殊室利菩薩復白佛言：世尊！如來化身，當言有心爲無心耶？佛告曼殊室利菩薩曰：善男子！非是有心，亦非無心。何以故？無自依心故，有依他心故。曼殊室利菩薩復白佛言：世尊！如來所行，如來境界，此之二種，有何差別？佛告曼殊室利菩薩曰：善男子！如來所行，謂一切種，如來共有不可思議無量功德，衆所莊嚴清淨佛土。如來境界，謂一切種，五界差別。何等爲五？一者有情界，二者世界，三者法界，四者調伏界，五者調伏方便界。如是名爲二種差別。曼殊室利菩薩復白佛言：世尊！如來成等正覺，轉正法輪，入大涅槃，如是三種，當知何相？佛告曼殊室利菩薩曰：善男子！當知此三皆無二相：謂非成等正覺，非不成等正覺；非轉正法輪，非不轉正法輪；非入大涅槃，非不入大涅槃。何以故？如來法身究竟淨故，如來化身常示現故。曼殊室利菩薩復白佛言：世尊！諸有情類，但於化身見聞奉事生諸功德，如來於彼有何因緣？佛告曼殊室利菩薩曰：善男子！如來是彼增上所緣之因緣故。又彼化身，是如來力所住持故。曼殊室利菩薩復白佛言：世尊！等無加行，何因緣故如來法身，爲諸有情放大智光，及出無量化身影像，聲聞、獨覺解脫之身，無如是事？佛告曼殊室利菩薩曰：善男子！譬如等無加行，從日月輪、水火二種頗胝迦寶、放大光明，非餘水火頗胝迦寶，謂大威德有情所住持故，諸有情業增上力故。又如從彼善工業者之所雕飾、末尼寶珠出印文像，不從所餘不雕飾者。如是緣於無量法界方便般若、極善修習磨瑩集成如來法身，從是能放大智光明，及出種種化身影像，非惟從彼解脫之身、有如斯事。曼殊室利菩薩復白佛言：世尊！如世尊說：如來菩薩威德住持令諸衆生於欲界中生刹帝利、婆羅門等、大富貴家、人身財寶、無不圓滿，或欲界天、色、無色界，一切身財圓滿可得。世尊！此中有何密意？佛告曼殊室利菩薩曰：善男子！如來、菩薩威德住持，若道若行，於一切處能令衆生獲得身財皆圓淸者，即隨所應，爲彼宣說此道此行。若有能於此道此行正修行者，於一切處所獲身財無不圓滿。若有衆生，於此道行違背輕毀，又於我所起損惱心及瞋恚心，命終已後，於一切處，所得身財無不下劣。曼殊室利！由是因緣，當知如來及諸菩薩威德住持，非但能令身財圓滿，如來、菩薩住持威德，亦令衆生身財下劣。曼殊室利菩薩復白佛言：世尊！諸穢土中，何事易得？何事難得？諸淨土中，何事易得？何事難得？佛告曼殊室利菩薩曰：善男子！諸穢土中，八事易得，二事難得。何等名爲八事易得？一者外道，二者有苦衆生，三者種性家世興衰差別，四者行諸惡行，五者數犯尸羅，六者惡趣，七者下乘，八者下劣意樂加行菩薩。何等名爲二事難得？一者增上意樂加行菩薩之所遊集，二者如來出現於世。曼殊室利！諸淨土中，與上相違；當知八事甚爲難得，二事易得。爾時，曼殊室利菩薩摩訶薩白佛言：世尊！於是解深密法門中，此名何教？我當云何奉持？佛告曼殊室利菩薩摩訶薩曰：善男子！此名如來成所作事了義之教，於此如來成所作事了義之教，汝當奉持！說是如來成所作事了義教時，於大會中有七十五千菩薩摩訶薩、皆得圓滿法身證覺。

解深密經卷第五

國家圖書館出版品預行編目資料

解深密經／（大唐）三藏法師玄奘奉詔譯. -- 初版.
-- 新北市：華夏出版有限公司, 2023.05
面； 公分. --（圓明書房；015）
ISBN 978-626-7296-06-6（平裝）
1.CST：經集部

221.761 112002489

圓明書房 015
解深密經

翻　譯　（大唐）三藏法師玄奘
印　刷　百通科技股份有限公司
電話：02-86926066 傳真：02-86926016
出　版　華夏出版有限公司
220 新北市板橋區縣民大道 3 段 93 巷 30 弄 25 號 1 樓
電話：02-32343788 傳真：02-22234544
E-mail： pftwsdom@ms7.hinet.net
總 經 銷　貿騰發賣股份有限公司
新北市 235 中和區立德街 136 號 6 樓
電話：02-82275988 傳真：02-82275989
網址：www.namode.com
版　次　2023 年 5 月初版一刷
特　價　新臺幣 220 元（缺頁或破損的書，請寄回更換）

ISBN-13：978-626-7296-06-6